Haemin Sunim

Die Magie des Innehaltens

365 Inspirationen für mehr Gelassenheit

Illustrationen von Youngcheol Lee

SCORPIO

SCORPIO

Mehr über unsere Bücher
www.scorpio-verlag.de

어디를 가시든 항상 보호받으시길
어디를 가시든 항상 인정 받으시길
어디를 가시든 항상 사랑 받으시길

혜민

Mögest du immer behütet sein, wohin du auch gehst.
Mögest du Anerkennung finden, wohin du auch gehst.
Mögest du geliebt werden, wohin du auch gehst.

HAEMIN SUNIM

Die Originalausgabe unter dem Titel 혜민 스님의 따뜻한 응원 – 365일 마음
erschien 2016 bei Suobooks

Ins Deutsche übertragen von Ki-Hyang Lee

Illustrationen von Youngcheol Lee

Scorpio Verlag GmbH & Co. KG, München
Lektorat: Dirk Grosser, Kalletal
Layout und Satz: Danai Afrati und Robert Gigler
Druck und Bindung: Printed in China
ISBN 978-3-95803-153-1

Mehr über unsere Bücher
www.scorpio-verlag.de

Liebe jeden Augenblick, sei glücklich von Sekunde zu Sekunde. All diese einzelnen Momente fügen sich zu deinem ganzen Leben zusammen. Ich wünsche dir, dass jeder deiner Tage von Zufriedenheit und Dankbarkeit erfüllt ist.

ÜBER DEN ILLUSTRATOR YOUNGCHEOL LEE

—

Youngcheol Lee wirft einen liebevollen Blick auf kleine und unscheinbare Orte. Die Hoffnung und Zartheit, die er dabei entdeckt, spiegeln sich in seinen Illustrationen auf humorvolle und berührende Weise wider. Auch die Üppigkeit der Natur findet sich in seinen Bildern. Geboren wurde der Illustrator 1960 in Gimcheon in Südkoreas nördlicher Provinz Gyeong-sang, sein Kunststudium hat er an den Universitäten von Andong und Gyemyeong absolviert. Seine farbenfrohen, fantasiereichen und meditativen Bilder wurden weltweit bereits in über 200 Ausstellungen gezeigt.

namusai33.tistory.com

ÜBER DEN AUTOR HAEMIN SUNIM

—

Er ist der »Mönch von nebenan«, der mit seinen verständnisvollen und warmherzigen Worten vielen Menschen Trost und Mut spendet. Er nähert sich Lebensproblemen nicht mit erhobenem Zeigefinger, sondern durch Mitgefühl und erläutert abstrakte Begriffe durch konkrete und leicht verständliche Formulierungen. Über 2,5 Millionen Interessierte folgen ihm mittlerweile bei Facebook, Twitter und Kakaostory.
Haemin Sunim wurde in Korea geboren und hat an den Universitäten von Berkeley, Harvard und Princeton Religionswissenschaften und Film studiert. Sieben Jahre lang lehrte er an der University of New Hampshire. Während seiner Zeit in Harvard entschied er sich, buddhistischer Mönch zu werden, und schloss im Frühjahr 2000 in dem koreanischen Haeinsa-Kloster sein Noviziat ab. Im Jahr 2008 wurde er im Jikjisa-Kloster zum Bhikkhu ordiniert. Er leitet die von ihm ins Leben gerufene »Schule der gebrochenen Herzen« in Seoul, wo er zusammen mit Gleichgesinnten Selbsthilfegruppen für Menschen mit psychischen Belastungen anbietet.

www.maumschool.org

31. Dezember

In einem Apfel steckt das ganze Universum. Er vereint in sich die Nährstoffe der Erde sowie Sonne, Sauerstoff, Stickstoff, Regen und den Schweiß von Bauern. Alles im Universum ist auf vielfältige Weise miteinander verbunden. Was steckt dann alles in dir? Möge es ein Leben in Dankbarkeit sein.

Jeder Tag ist ein Geschenk. Manche Menschen nehmen dieses Geschenk dankbar an, indem sie den Tag wertschätzen, andere vertrödeln ihn gedankenlos. Wir können unsere großen Wünsche und Ziele nicht von einem Moment auf den anderen erreichen und genauso wenig unsere Fähigkeiten im Handumdrehen entwickeln. Mit unserer inneren Stärke ist es genauso. Dennoch können unsere täglichen Bemühungen eine allmähliche Veränderung bewirken. Ich hoffe, dass dir meine Texte helfen, den Tag mit mehr Heiterkeit und Wärme zu beginnen. Selbst wenn deine Situation dir momentan keine Ruhepause gönnt, wünsche ich dir, dass du schnell deinen inneren Frieden und eine positive Einstellung wiederfindest. Wohin du auch gehst, hoffe ich, dass du dich geborgen fühlst und dass du dich zuallererst auch selbst liebst.

Ich verneige mich respektvoll vor dir.

HAEMIN

30. Dezember

Bete darum, dass du und dein
Partner glücklich werden,
dass du und dein Partner gesund
bleiben, dass du und dein Partner
Frieden finden.
Wenn du stets auf diese Weise
betest, gelingt euch das.

Mögen deine Wunden heilen.
Mögest du glücklich werden.
Mögen deine Wünsche sich erfüllen.

Es heißt, der Geist und die Welt existieren nicht unabhängig voneinander, sondern seien beide eins. Welches Bild du auch immer in deinem Geist malst, es spiegelt sich in der Welt wider.
Male daher Bilder über Glück, Dankbarkeit und Zufriedenheit.

29. Dezember

1. Januar

Erst wenn du dich selbst wertschätzt,
wird auch die Welt dich wertschätzen.

28. Dezember

Nimm ein Blatt Papier und schreibe die Namen all derjenigen auf, bei denen du dich dieses Jahr bedanken möchtest.
Die Liste wird länger sein, als du denkst, und beim Schreiben wirst du merken, wie sehr wir uns im Leben aufeinander verlassen. Melde dich bei diesen Menschen, und wenn es nur per E-Mail ist. Du wirst dich augenblicklich glücklich fühlen.

2. Januar

Das Glück wächst umso mehr,
je weniger Gedanken du dir darüber machst,
je mehr du es mit anderen Menschen teilst
und je öfter dein Geist in der Gegenwart ruht.

27. Dezember

Ich denke, der Prozess der Heilung beginnt, wenn wir unsere Herzen öffnen und voller Mitgefühl zuhören. Wir helfen Menschen, weil wir bei ihnen sind und ihnen unsere volle Aufmerksamkeit schenken,
nicht weil wir die Lösung für ihr Problem zu kennen meinen.
Zu wissen, dass andere dieselben Herausforderungen meistern mussten, erlaubt es Menschen, besser mit ihren eigenen Schwierigkeiten zurechtzukommen.

3. Januar

Wenn du dich wirklich darauf einlässt,
findest du sogar das Telefonbuch lustig.
Dass dir dein Leben langweilig vorkommt,
liegt daran, dass du dich gerade nicht auf
deine Gegenwart konzentrierst.

26. Dezember

Es ist nicht wichtig, welchen Abschluss du gemacht hast.
Wichtig ist, was für ein Leben du danach führst.

4. Januar

Diejenigen, die dir nur Honig um den Mund schmieren, sorgen nicht dafür, dass du über dich selbst nachdenkst.
Selbstreflexion wird durch all jene angestoßen, die dich kritisieren, dich wütend machen, dich enttäuschen und dir das Leben so manches Mal schwer machen.

25. Dezember

Wenn du liebst, umarme deinen
Partner, wie Maria ihren einzigen
Sohn Jesus umarmt hat.
Höre deinem Partner gut zu, als
wäre er für dich der einzige Mensch
im ganzen Universum.
Schaue deinem Partner in die Augen.
Kommuniziert miteinander
wie zwei Seelen, die ihre Sprache
verloren haben.
Tanze mit deinem Partner, so als ob
morgen der letzte Tag auf Erden wäre.

5. Januar

Wenn du einen neuen Jahreskalender
geschenkt bekommst oder ein Tagebuch
kaufst, vermerke zuallererst die Namen
und Geburtstage deiner Freunde und
Bekannten darin.
Gratuliere ihnen von Herzen,
wenn es so weit ist.
Die Quelle wahren Glücks ist
nichts anderes als tiefe und anhaltende
Verbundenheit zu dir nahestehenden
Menschen.

24. Dezember

Ein gütiges Herz, das sich wünscht,
die Leiden anderer vergehen zu sehen,
heilt auch sich selbst.

6. Januar

Nichts auf der Welt ist von Dauer,
nicht einmal der Schmerz.

Am Nachthimmel zieht ein Stern von Tausenden
deine Aufmerksamkeit auf sich.
Auf der Erde zieht dich ein Mensch von Tausenden
in seinen Bann.
Das Schicksal, das zwei Menschen miteinander verbindet,
ist wie eine Kette von zigtausend notwendigen Zufällen.

7. Januar

Sei gut zu dir selbst. So wie man mit
lieben Menschen Zeit verbringen möchte,
nimm dir heute einmal Zeit für dich selbst.
Gönn dir dein Lieblingsessen, sieh dir einen
guten Film an, mach einen Ausflug,
alles nur für dich selbst.
Kümmere dich mit der gleichen Hingabe um dich,
wie du es bei denjenigen tust, die du liebst.

22. Dezember

Glaube deinen negativen Gedanken nicht, vor allem,
wenn die Zeiten gerade hart sind.
Bist du krank, glaubst du, nie wieder gesund zu werden.
Hast du gerade einen Rückschlag erfahren, erscheint dir die Zukunft als ewige Mühsal.
Hast du einen Verlust erlitten, meinst du, dass diese Wunde niemals wieder heilen wird.
Aber nichts dauert ewig, nicht einmal harte Zeiten.
Du wirst dich bald besser fühlen.

8. Januar

Ein kluger Mensch bereitet sich
auch auf eventuelle negative Aspekte
vor, wenn sich ihm eine günstige
Gelegenheit bietet.

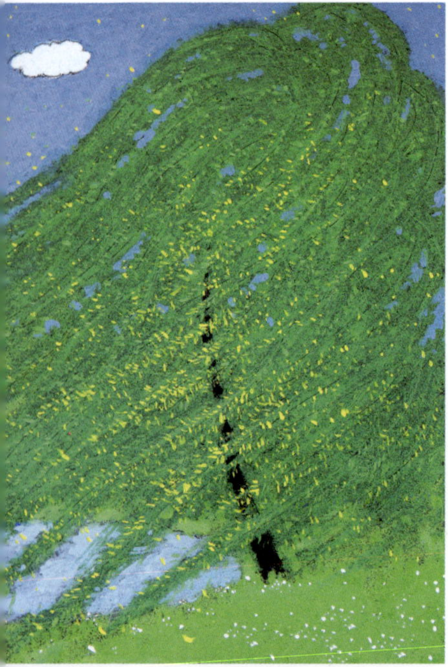

21. Dezember

Dass wir uns gerne in die Angelegenheiten anderer Menschen einmischen, liegt an der Angst vor unserer eigenen Leere und Einsamkeit.

9. Januar

Du bist Spiegel deines Gegenübers.
Und dein Gegenüber ist auch ein
Spiegel für dich.
Wenn ein kluger Mensch sich etwas
von seinem Partner wünscht, lebt
er es daher zuerst vor, bevor er den
anderen damit konfrontiert.

20. Dezember

Von unserer Familie und
unseren Freunden können wir
vor allem deshalb verletzt werden,
weil wir so eng mit ihnen verbunden sind,
ihnen so sehr vertrauen und uns auf sie verlassen.
Viel zu erwarten oder die hohen Erwartungen
anderer zu spüren, kann sehr belasten.
Eine Beziehung neigt dazu, wie ein Feuer zu sein:
Wenn jemand zu nah kommt, solltest du ihn bitten,
einen Schritt zurückzutreten.

10. Januar

Dein Gewissen plagt dich, wenn du Dinge immer weiter vor dir herschiebst, statt sie zu erledigen. Setze eine bestimmte Uhrzeit fest, zu der du die Sache angehen willst. Wenn die Zeit kommt, dann leg einfach los, ohne ein Wort zu verlieren und ohne dich ablenken zu lassen.

19. Dezember

Liebe und lebe glücklich, Moment für Moment.
All diese Momente summieren sich zu deinem Leben.

11. Januar

Gönne dir gelegentlich ein wenig Luxus.
Bescheidener Luxus ist wie Öl,
das das Leben geschmeidig und behaglich macht.

18. Dezember

Es gibt ein einfaches Rezept, um sich im menschlichen Miteinander souverän zu behaupten: Mehr geben als nehmen. Unseren Wohltätern sind wir dankbar und sehr zugetan.

12. Januar

Zwar gilt es, gut zuzuhören,
wenn andere uns Ratschläge erteilen,
aber letztlich müssen wir unsere
Entscheidungen selbst treffen.
Folge stets deinem Herzen.

17. Dezember

Womöglich hören wir lieber den Satz »Ich brauche dich« als »Ich liebe dich«. Denn wir spüren bei diesen Worten, dass unser Leben sinnvoll ist und einem guten Zweck dient. Gib dir heute einen Schubs und sage deinem Partner ehrlich, dass du ihn brauchst.

Wenn dein Gegenüber auf
deine Frage hin schweigt,
ist sein Schweigen auch eine
Antwort.

13. Januar

16. Dezember

Wenn jemand dich drängt, denselben Weg zu gehen wie er, um erfolgreich zu sein, doch dieser Weg nicht dem entspricht, was du von Herzen willst, dann hör auf dein Herz, bevor es zu spät ist.

14. Januar

Versuche, etwas Interessantes zu schaffen, nicht etwas Vollkommenes!

Ratschlag eines Innenarchitekten

15. Dezember

Als in unserem Kloster über einen abwesenden, aber allen bekannten Mönch geredet wurde, warf ein betagter Bruder ein:
»Was genau wollt ihr erreichen, indem ihr von ihm sprecht, obwohl er nicht hier ist?«

15. Januar

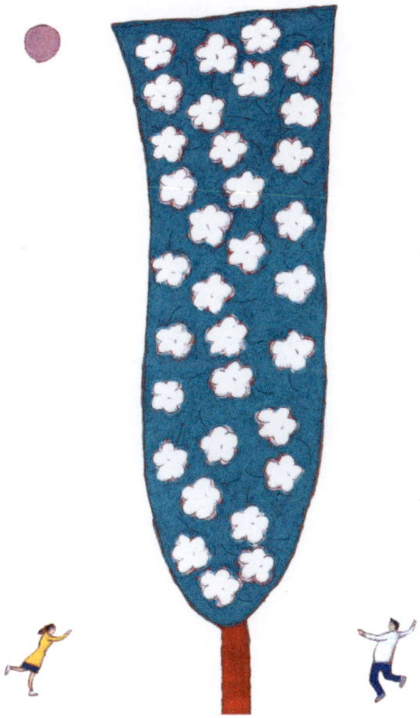

Bist du aufgebracht, weil du
übles Gerede über dich gehört hast?
Schicke dem, der diese Dinge
verbreitet hat, nicht sofort eine
Nachricht oder E-Mail.
Ein kluger Mensch schläft erst
eine Nacht darüber.
Wenn du aus dem Affekt heraus reagierst,
wirst du es lange bereuen.

14. Dezember

Wenn du dich um vieles sorgst, frage dich, ob du durch deine Angst etwas ändern kannst oder ob die Sorgen nicht vielmehr bewirken, dass du die Gegenwart verpasst. Sofern deine Sorgen nicht irgendetwas Gutes bewirken, sage deinem ängstlichen Geist einfach Folgendes:
»Um dieses Problem mache ich mir Gedanken,
wenn es eingetreten ist!«

16. Januar

Jeder hat eine dunkle Seite.
Wenn dir jemand perfekt
vorkommt, heißt das nur, dass
du ihn nicht richtig kennst.

Selbst wenn wir im Paradies lebten,
würde es immer Menschen geben,
die die Vollkommenheit für ein Problem hielten.

13. Dezember

17. Januar

Ein großer Felsbrocken ist ein Vorbild,
wie man wahrhaftig bleiben kann und nicht
ins Wanken gerät, selbst wenn Wellen von Lob
und Kritik über einen hinwegbrausen.

12. Dezember

Wenn du dich selbst definierst
und deinen Charakter als so
oder so geartet festlegst, beraubst
du dich aufgrund des engen Rahmens,
den du dir selbst steckst, neuer Erfahrungen.
Die fixe Vorstellung, die du von dir selbst hast,
wird schließlich zu einem Gefängnis,
in das du dich einsperrst.

18. Januar

Du kannst das tun,
was du am liebsten tust,
solange du auch
all die ungeliebten
Dinge erledigst.

11. Dezember

Allein zu sehen, wie jemand Gutes tut, macht schon glücklich.
Das Jahresende ist nah. Tue in diesen Wochen etwas für andere.
Wenn du dich nicht aktiv darum bemühst, kann es sein,
dass du dein Leben lang bloß ein Zuschauer bleibst.

19. Januar

Willst du wirklich jemandem Raum in deinem Herzen gewähren, indem du ihn hasst? Lass nicht zu, dass er sich dauerhaft in deinem Inneren einnistet! Verzeihe ihm möglichst schnell und vertreibe ihn umgehend von seinem Platz!

10. Dezember

Wenn du nach der endgültigen Trennung von deinem Partner nicht schlecht über ihn redest, ist das ein Beleg dafür, dass du ihn wirklich geliebt hast.

20. Januar

Liebe ist angenehm.
Liebe ist warm.
Liebe ist frei.
Liebe ist rein wie ein Kind.
Liebe kennt kein anderes Ziel
außer der Liebe selbst.

9. Dezember

Wenn du einen neuen Weg
beschreiten willst, den niemand
zuvor gegangen ist, hast du Angst
und brauchst Mut.
Wenn du trotzdem einen Schritt
vor den anderen setzt, wird
der Weg Stück für Stück vor dir
auftauchen.
Versuche nicht, wie jemand anderer
zu sein, sondern auf deine Weise
unterwegs zu sein.

21. Januar

Frage dich, ob du jemanden vielleicht unbewusst aus deinem Leben ausgeschlossen hast.
Höre ihm mit der Einstellung zu, dass du ihn verstehen möchtest.

8. Dezember

Wer deinen Wertvorstellungen entspricht, ist in deinen Augen
ein guter Mensch, wer dies nicht tut, ist angeblich keiner.
Der Maßstab dafür wurde in dir selbst geboren und
erst als du danach beurteilst hast, sind gute und schlechte
Menschen entstanden.
Gut und Böse existieren also nicht von Anfang an.

Etwas Neues zu lernen bedeutet nahezu zwangsläufig, dass man auch unangenehme Erfahrungen macht.

7. Dezember

Wenn du dich gestresst fühlst,
liegt das vielleicht daran,
dass dein Geist mit den Worten
und Gedanken anderer überfüllt ist.
Wenn dies der Fall ist, mache ein dreitägiges Medien-»Fasten«:
Verzichte auf dein Handy, auf das Fernsehen und das Internet.
Bald wirst du wieder auf deinen eigenen Körper und
deinen eigenen Geist lauschen können.
So wirst du dein inneres Gleichgewicht wiederfinden.

23. Januar

Selbst wenn du einen sozialen Dienst ausschließlich mit dem Zweck aufgenommen hast, deinen Lebenslauf aufzuwerten, wird der Moment kommen, an dem du in der Tätigkeit an sich einen Wert erkennst und Wärme in deinem Herzen aufkommt. Eine gute Sache zu beginnen ist es immer wert, ganz gleich mit welcher Motivation.

6. Dezember

Es ist keine Schande, Schwächen zu haben.
Im Laufe unseres Lebens können wir an Körper und Geist Schaden nehmen, genauso wie in unseren Beziehungen.
Anstatt zu versuchen, ohne die kleinste Schramme durchs Leben zu kommen, indem du aus Angst vor Fehlern nichts wagst, solltest du lieber Misserfolge und Verletzungen in Kauf nehmen, damit du dein Leben um neue Erfahrungen bereicherst.
Es ist Zeit für eine Liebeserklärung an dein Leben, für das du täglich kämpfst.

24. Januar

Wolken überwinden die Traurigkeit,
indem sie weinen, bis sie sich
vollständig entleert haben.
Wenn du traurig bist, mache es wie
die Wolken und weine.

5. Dezember

Es ist völlig in Ordnung,
nicht auf dem ersten, zweiten
oder dritten Platz zu landen.
Vergleiche dich nicht mit
anderen, sondern nur mit
deinen früheren Leistungen.
Achte dich selbst dafür,
eine echte Anstrengung unter-
nommen zu haben.
Und mache voller Vertrauen
zu dir weiter!

25. Januar

Wenn du zu Hause mehrere
gleichartige Dinge besitzt,
suche dir das Beste davon aus
und trenne dich vom Rest.
Wenn deine Wohnung voll-
gestopft ist, besitzt nicht du die
Dinge, sondern die Dinge
besitzen dich.
Aufgeräumte, luftige Räume
sind der größte Luxus, denn sie
vermitteln Wohlgefühl.

4. Dezember

Die Person, für die du »bestimmt« bist,
wird nicht einfach eines Tages an deine
Tür klopfen.
Jemand, dem alle Begabungen in die Wiege
gelegt wurden, die eine verantwortungsvolle
Position verlangt, kann dieses Ziel ohne
eigene Anstrengung nicht erreichen.
Ebenso wenig wirst du dich in einer
glücklichen Partnerschaft wiederfinden,
wenn du dich nicht darum kümmerst.

26. Januar

Du musst wissen, dass der, auf den du neidisch bist, oft in seiner eigenen Hölle lebt. Auch derjenige, der alles zu besitzen scheint, bildet da keine Ausnahme. Von außen erkennt man nicht, wie es hinter den Kulissen aussieht.

3. Dezember

Wir müssen lernen,
unseren Geist zu leeren.
Wir streben danach,
alles zu horten,
aber Vollkommenheit
und Weisheit liegen
in der Leere.

27. Januar

Der Geist ist wie ein Spiegel,
der Schmutz weder annimmt
noch hindurchlässt.

2. Dezember

Es ist Winter und eiskalt.
Eine Werbung behauptet:
»Der Mensch ist ein Ofen.«
Und wirklich können wir uns gegenseitig wärmen,
körperlich und seelisch.
Mögest du heute ein warmer Ofen für einen
anderen Menschen sein.

28. Januar

Aus der Nähe betrachtet, können wir in uns allen Probleme und Widersprüche entdecken.
Unsere Worte passen häufig nicht zu unseren Taten.
Wir äußern uns unterschiedlich, je nachdem, mit wem wir reden.
Fremden gegenüber verhalten wir uns zuvorkommend, aber zu Mitgliedern unserer eigenen Familie sind wir oft schroff.
Der erste Schritt zur Reife findet dort statt, wo der Mensch seine Unvollkommenheit und Widersprüchlichkeit selbst erkennt und reflektiert.

1. Dezember

Wenn du meinst,
dass sich die Welt um dich
herum rasend schnell dreht,
leg alles beiseite und frage dich:
»Ist die Welt so beschäftigt
oder bin ich es?«

29. Januar

Selbst Geschwister, die zusammen
aufwachsen, haben ihre eigenen
Ansichten und Gewohnheiten.
Verlange also von niemandem,
sich gänzlich an dich anzupassen,
sondern lasse Raum für Unterschiede.

30. November

Wenn du das Alleinsein
bewusst wahrnehmen und
genießen kannst, bist du mit dir im Reinen.
Aber sobald du dich aus diesem Zustand befreien
willst, wird das Alleinsein zur Einsamkeit.

30. Januar

Du widmest dich voll und ganz deinen Aufgaben und gehst keiner Arbeit aus dem Weg, hast aber das Gefühl, dass das niemand zu schätzen weiß?
Sei unbesorgt, mit der Zeit wird dein Fleiß wahrgenommen werden.

Deinen Charakter erkennt man daran,
wie du dich denjenigen gegenüber verhältst,
die dir keinen Vorteil bringen.

29. November

31. Januar

Das Herz, das wütend wird, wenn man dich kritisiert,
ist dasselbe Herz, das dir immer wieder ein Lächeln
ins Gesicht zaubert, wenn du gelobt wirst.

28. November

Sich viele Gedanken zu machen,
verstellt die Sicht auf das Wesentliche.
Oft braucht man nur einen ersten Schritt zu tun,
aber wenn man zu viel über mögliche Hindernisse
nachdenkt, kommt man zu dem Schluss:
»Ich kann nicht. Das ist anstrengend. Es ist zu schwer.«
Versuche dein Vorhaben anzugehen, sobald du
aufgestanden bist und dein Geist noch frisch und klar ist.

1. Februar

Wenn du jemanden für rein und
gütig hältst, liegt es daran, dass du selbst
rein und gütig bist.

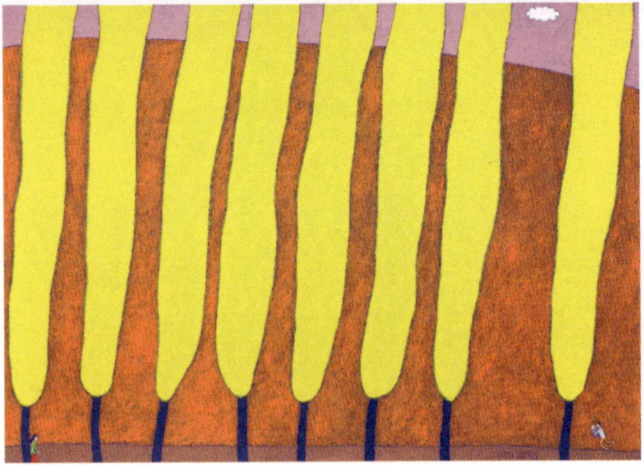

27. November

Egal wie verletzt du bist, du brauchst nicht das letzte Wort zu behalten.
Das letzte Wort kann sogar die guten Erinnerungen tilgen.
Menschen und Umstände ändern sich – ist es dann wirklich nötig, all deine Erinnerungen zu verderben, besonders die glücklichen?

2. Februar

Wenn du den Geist nach innen richtest, kommst du nicht aus dem Gleichgewicht und findest Frieden, egal wie sehr die Welt in Aufruhr ist.

26. November

Lass dich nicht entmutigen, mein Freund.
Wenn wir unser Leben als Ganzes betrachten,
sind unsere derzeitigen Schwierigkeiten wie Wolken.
Obwohl sie groß erscheinen, werden sie dennoch
bald vorbeiziehen.

3. Februar

Finde einen Weg, nicht alles,
was über dich geredet wird,
an dich heranzulassen.
Wenn du dir jede Kleinigkeit zu
Herzen nimmst, wirst du nur
unglücklich.

25. November

Der Kopf sagt immer: »Sei nicht nachtragend!«
»Anderen zu verzeihen tut dir selbst gut.«
»Sei nicht neidisch auf den Erfolg deiner Freunde!«
Aber das Herz ist nicht immer bereit, zuzuhören.
Gehe in solchen Momenten in dich und versuche zu beten.
Das Gebet ist der kürzeste Pfad zwischen Herz und Kopf.
Frage demütig nach Hilfe, um das zu tun, was dir im
Augenblick unmöglich scheint.

4. Februar

Das größte Hindernis beim Lernen ist,
so zu tun, als wüsstest du schon alles,
obwohl du keine Ahnung hast.
Gib deine Unkenntnis zu und hole das Versäumte umgehend nach, statt weiter den Anschein von Wissen aufrechtzuerhalten.
Wirf deinen falschen Stolz über Bord und sei ehrlich zu dir selbst, dann kannst du viel erreichen!

24. November

Bei manchen Menschen schlägt
Sehnsucht in Hass um.
Es ist durchaus möglich,
Menschen gleichzeitig zu hassen
und sich nach ihnen zu verzehren.
Wenn du jemanden hasst,
blicke tief in dein Herz.
Was könnte der Grund dafür sein?
Es gibt keine bessere Gelegenheit,
sein Innerstes zu erforschen.

5. Februar

Gib niemandem das Recht,
über dein Leben zu entscheiden.
Du bist Herr deines Lebens.

23. November

Manchmal verletzen wir Menschen, ohne es zu merken. Daher sollte dein ernst gemeintes Bedauern nicht nur den Menschen gelten, die du bewusst verletzt hast, sondern auch denjenigen, denen du unabsichtlich und unbedacht geschadet hast.

6. Februar

Was Musik schön macht,
sind die Pausen zwischen den Tönen.
Auch Worte werden erst schön,
wenn man entsprechende Pausen
zwischen ihnen macht.
Hin und wieder sollten wir durchatmen
und die Stille zwischen den Geräuschen
wahrnehmen.

22. November

Es ist völlig in Ordnung,
in manchen Punkten nicht übereinzustimmen.
Wenn das so ist, sollten wir einfach sagen,
dass unser Gegenüber eine andere Meinung hat.
Eine andere, nicht eine falsche!
Das macht einen großen Unterschied.
Versuch dich in diesen anderen Menschen hineinzuversetzen.
Wie würdest du dich fühlen,
wenn dir jemand sagte, du lägest falsch?

7. Februar

Das Gegenteil von Gier ist
nicht Abstinenz,
sondern Zufriedenheit.

21. November

Fehlschläge und Scheitern
sind ein Teil des Lebens.
Wenn wir nicht davor fliehen
und sie gelassen akzeptieren,
sehen wir den nächsten Schritt
klar vor uns.

8. Februar

Das Geheimnis eines glücklichen
Lebens besteht nicht darin,
das zu tun, was einem gefällt,
sondern das zu lieben, was man
gerade tut.

Mönch Hyegwang

20. November

Schreib auf ein Blatt Papier
die Namen der Orte,
die du noch bereisen willst,
der Menschen, denen du
zu begegnen hoffst.
Und dann setz alles auf deiner Liste
Punkt für Punkt in die Tat um.
Niemand braucht von dieser Liste
zu wissen.
Gönn dir dein eigenes kleines
Geheimnis.
Es wird ein gutes Gefühl sein,
etwas nur für dich selbst zu tun.

9. Februar

Sagst du zu deinem Partner manchmal:
»Wenn du mich wirklich liebst, tu es für mich,
ändere dich für mich«?
Was du für ihn empfindest, ist bei genauer Betrachtung
keine Liebe, sondern Besitzgier.

19. November

Nicht etwa ein Tier von großer und bedrohlicher Statur ist in der Lage, einen Löwen zu töten, sondern ein kleiner Wurm aus seinem eigenen Körper.
Der Feind, der dir den größten Schlag versetzt, stammt aus deinem nächsten Umfeld oder zählt zu deinen Bekannten.

10. Februar

Wenn du dich heute
nicht dazu bewegen
kannst, irgendetwas zu
tun, verblasst all deine
Achtsamkeit.
Gib dich nicht der
Trägheit hin!

18. November

Erledige selbst die kleinsten Dinge
mit Verstand, Herz und Seele.
Das ist das Geheimnis des Erfolgs.

Swami Sivananda

11. Februar

Du wirst dein wahres Selbst nicht finden, wenn du krampfhaft danach suchst. Es wird zum Vorschein kommen, wenn dein Geist innehält.

17. November

Eine fixe Idee löst sich nicht in Luft auf,
nur weil du denkst, du müsstest sie loslassen.
Erst wenn du begreifst, dass sie dich leiden lässt,
wirst du fähig sein, von ihr abzulassen.
Dann überlegst du dir, ob du Honig von einer
scharfen Messerklinge lecken willst.

12. Februar

Wenn dein Geist durch den
Fokus auf die Atmung wach und
frei von überflüssigen Gedanken ist,
wird dir bewusst, dass Zufriedenheit
und innere Ruhe viel wichtiger sind als
irgendetwas, das du in dieser Welt kaufen kannst.

16. November

Lasse nicht zu, dass Probleme aus der Vergangenheit deine Zukunft bestimmen.
Sonst wirst du zwangsläufig deine Tage als Opfer des Vergangenen verbringen.
Jeder wird im Inneren von einer Kraft der Veränderung beherrscht, die trotz aller Schmerzen Keime und Knospen treibt.
Vertraue dieser Lebenskraft, verbeuge dich respektvoll vor den Strapazen der Vergangenheit und gelobe: »Ich werde glücklich sein.«

13. Februar

Das Mutigste, was du tun kannst, sobald dich Einsamkeit, Trübsal oder Ängste überwältigen, ist, eine Weile diese Gefühle zuzulassen und ein bisschen Zeit mit ihnen zu verbringen.

15. November

Ist deine Wohnung durcheinander und hast du keine Lust, sie aufzuräumen?
Dann lade Freunde zu dir ein. Du wirst sehen, wie du plötzlich die Kraft hast, innerhalb einer halben Stunde die Wohnung in Ordnung zu bringen!

14. Februar

Wenn du jemanden liebst, gib ihm, was er sich wünscht, nicht, was er deiner Meinung nach braucht.

14. November

Wir leben heutzutage nicht deswegen länger,
weil wir weniger Krankheiten haben.
Wir leben heutzutage länger, weil wir besser mit den Krankheiten umgehen, die uns heimsuchen.
Ich wünsche denen, die gegen eine Krankheit kämpfen, und denen, die ihnen beistehen, dass sie niemals die Hoffnung verlieren.

15. Februar

Wenn du annimmst, dass ihr eure Gedanken lesen könntet, weil ihr doch schon so lange zusammen seid, wirst du entdecken, dass es viele Dinge gibt, bei denen dies nicht zutrifft.

13. November

Wenn man sorgsam mit der Liebe
umgeht, wird sie mit der Zeit
immer intensiver und reifer,
genau wie guter Wein.
Liebe beflügelt und geht einher mit
schönen Erinnerungen, Freundschaft
und Verantwortung.

16. Februar

Im Moment deiner Erleuchtung erkennst du,
dass das ganze Universum erleuchtet ist.
Der Buddha hilft allen fühlenden Geschöpfen,
in dem Wissen, dass jeder ein Buddha zu sein vermag,
weil alles schon im Geist vorhanden ist.

12. November

Wenn du Liebe im Herzen trägst,
sieht die Welt schön aus.
Wenn du Liebe im Herzen trägst,
schäumst du über vor Freude.
Die Liebe macht das Herz weit
und reißt Grenzen ein.
Liebe – liebe die Welt.

17. Februar

Was du gerade dringend brauchst, ist weder übertriebener Ernst noch blinder Fleiß. Vielmehr solltest du das Leben ein wenig genießen. Humor sorgt für ein erfülltes und entspanntes Dasein.

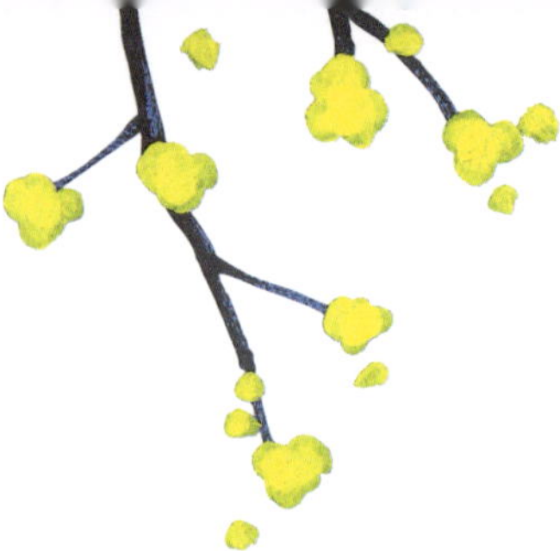

11. November

Etwas so Einfaches, wie die Hand eines geliebten Menschen zu halten, reicht oft schon aus, um den Schmerz, unter dem er leidet, zu lindern.

18. Februar

Bist du gerade ziemlich durcheinander?
Wenn du eine Nacht darüber schläfst,
siehst du das Problem mit anderen Augen.

10. November

Kinder zeigen anderen Menschen freimütig ihre Narben,
denn sie erhoffen sich, dadurch Zuwendung zu erhalten.
Wenn man Erwachsene beobachtet, stellt man fest,
dass sie im Grunde genommen genauso sind.
Wenn dich etwas schmerzt oder belastet, wenn du traurig
oder gar depressiv bist, unterdrücke das nicht, sondern zeige
deine Verletzung wie ein Kind und sag einfach offen:
»Es tut mir weh.«

19. Februar

Was nützt es, die teuersten Dinge zu besitzen, wenn man nicht in der Lage ist, den Wert eines Menschen zu erkennen?

9. November

Je höher deine Erwartungen an eine Partnerschaft sind, desto eher geht sie schief. Wird es dir in deiner Beziehung manchmal zu anstrengend?
Vielleicht liegt es daran, dass du oder dein Partner zu hohe Ansprüche daran habt.

20. Februar

Manchmal musst du dich mit deinen Überzeugungen durchsetzen.
Du kannst es nicht jedem recht machen.
Behalte deine Meinung nicht für dich, nur weil du fürchtest, jemand könnte dich kritisieren.

8. November

Bist du unsicher, ob das,
was du gerade fühlst, Liebe ist?
Dann stelle dir folgende Frage.
Deine Antwort kann dir Aufschluss geben:
Würde dir etwas fehlen, wenn du all dein
Hab und Gut der betreffenden Person
schenken würdest?
Wenn dir nichts fehlen würde, ist es Liebe.

21. Februar

Wenn du mit deiner eigenen Seele ruppig umspringst, dann spiegelt sich das in deiner Körpersprache wider und du wirkst grob auf andere.
Umgekehrt wirkst du sympathisch, wenn du deine Seele sanft behandelst.

7. November

»Haemin Sunim, was ist für Sie am wertvollsten auf der Welt?«
»Der Mensch, der mir gerade gegenübersteht.«

22. Februar

Beschäftige deine Gedanken mit den großen Dingen,
aber setze sie mit kleinen Schritten ins Werk.
Denn die kleinen Änderungen im Alltag bilden die
Basis für die großen Ziele, die du erreichen kannst.

6. November

Es wird wohl immer Menschen geben, die sogar am Essen eines 3-Sterne-Kochs herummäkeln.
Ganz gleich, wer du bist: Man kann es nie allen recht machen.

23. Februar

Kein guter Autofahrer steht beim Fahren
dauernd auf der Bremse.
Nur ein schlechter Gesprächspartner unterbricht
sein Gegenüber häufig, anstatt den anderen
ausreden zu lassen.

5. November

Bevor du eine Prüfung oder
ein Vorstellungsgespräch hast,
führe dir vor Augen, dass du
viel mehr weißt, als du glaubst.
Unser Unbewusstes birgt einen
ganzen Ozean der Weisheit.
Hab Vertrauen in dich.

24. Februar

Wenn du jemanden ohne Grund kritisierst und attackierst, kann das daran liegen, dass in dir Angst und Selbstzweifel vorherrschen.

4. November

Aus dem Menschen,
der dir das Leben am schwersten macht,
ziehst du genau genommen den größten Nutzen.
Seinetwegen reifst du geistig.

Weil ich selbst Schmerz erfahren habe,
kann ich den Schmerz anderer umarmen.
Weil ich selbst Fehler gemacht habe,
kann ich anderen viel leichter verzeihen
und ihre Fehler akzeptieren.
Möge mein Schmerz zu einem Samen
des Mitgefühls werden.

3. November

Deine Schönheit liegt nicht darin begründet, dass du attraktiver, fähiger oder besser gekleidet wärest als andere, sondern dass du einzigartig bist in der Welt. Liebe dich selbst, denn du bist etwas Besonderes.

26. Februar

Ich wünsche mir von ganzem Herzen, dass alle Religionen einander respektieren und anerkennen, damit möglichst schnell eine Kultur des reifen Umgangs zwischen ihnen entstehen kann.

2. November

»Haemin Sunim, ich hoffe, Sie werden ein großer Lehrer, so wie der Dalai Lama.«
»Danke, das ist nett von Ihnen. Ich empfinde tiefe Bewunderung für Seine Heiligkeit. Aber ich will nicht der Dalai Lama werden. Ich möchte Haemin Sunim werden.«

27. Februar

Wenn du all das, was du an dir nicht magst, dennoch als Teil deiner Persönlichkeit akzeptierst, ist das ein Schritt auf dem Weg zu geistiger Reife.

1. November

Bist du öfter ängstlich?
Versuche deine Sorgen zu ordnen, indem du sie aufschreibst.
Wenn etwas, über das du dich sorgst, noch nicht eingetreten ist, stelle es ans Ende der Liste.
Beschäftige dich zuerst mit dem, das dir unmittelbar begegnet, um den Rest kümmere dich, wenn es so weit ist.

28. Februar

Versuche, jeden Tag ein paar der Gegenstände,
die du schon längst nicht mehr benutzt,
zu entsorgen.
Wenn du dich davon trennst, wirst du nichts
verlieren, sondern etwas gewinnen:
die Behaglichkeit einer ordentlichen Wohnung,
in der nur die Dinge sind, die dich glücklich
machen.

31. Oktober

Wenn du dich um andere Menschen kümmerst und dir Gedanken darüber machst, wie du ihnen helfen kannst, wird dir warm ums Herz und du bist glücklich.
Deine Warmherzigkeit, die dich dazu veranlasst, andere Menschen zu beschützen und ihnen beizustehen, macht dich zufrieden und glücklich, weil dein Kopf frei von negativen Gedanken wird. Eine bessere Medizin gibt es nicht.

1. März

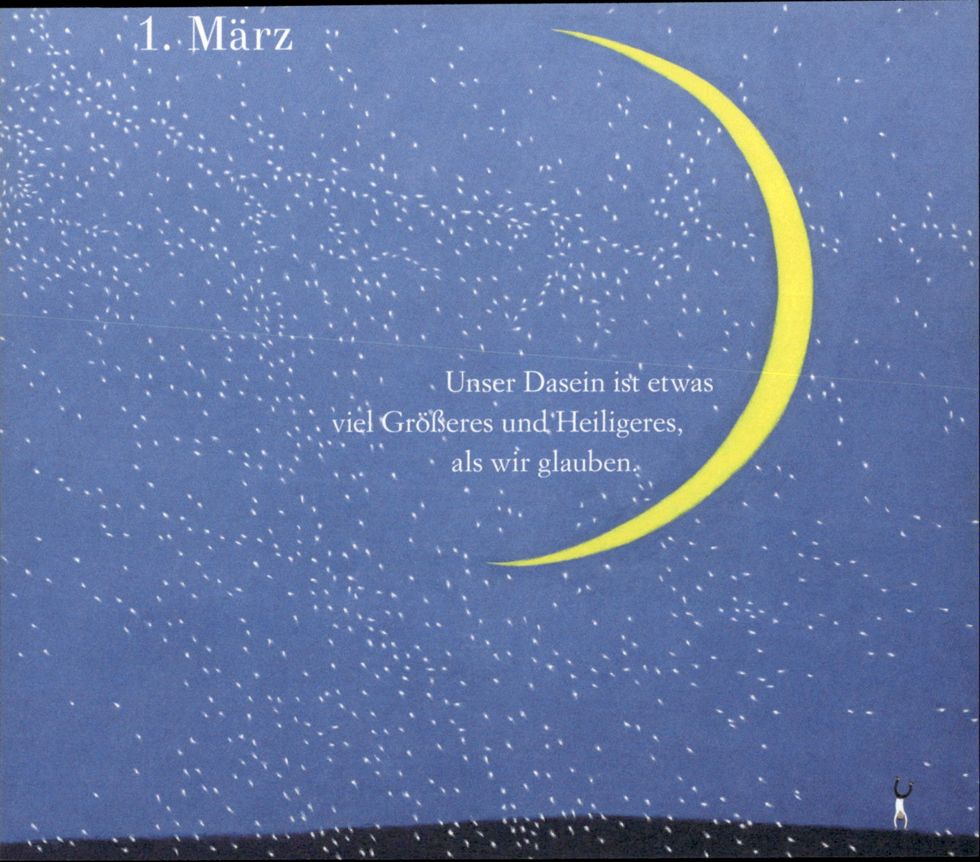

Unser Dasein ist etwas
viel Größeres und Heiligeres,
als wir glauben.

30. Oktober

Wenn es draußen regnerisch und kalt ist, suchen wir ganz natürlich die Wärme und Behaglichkeit unseres Heims.
Wenn wir Schwierigkeiten ausgesetzt werden, werden wir ebenso natürlich aufmerksam und bewusst.
Wenn die Dinge gut laufen, meditieren wir nicht sehr viel.
Schwierigkeiten sind verkleidete Segen, die Achtsamkeit hervorbringen.

2. März

Bist du verärgert, unausgeglichen oder deprimiert?
Betrachte nur eine Minute das Gesicht eines schlafenden Kindes.
Bald schon wirst du Wellen des Friedens spüren.

29. Oktober

Nur weil du eine Prüfung nicht bestanden hast,
ist dein Leben noch lange nicht zerstört.
Nur weil dein Geschäft nicht läuft,
bist du noch lange nicht am Ende.
Mache einen Rückschlag,
den du erfahren hast,
nicht durch deine
Gedanken schlimmer,
als er ist.

3. März

Wenn du dich beladen und bedrückt fühlst,
ergeht es dir nicht anders als mir,
weshalb ich heute für dich beten werde.

28. Oktober

Wenn ein Großvater hört, wie seine Enkel beim Spielen lautstark rufen, gibt es für ihn keinen fröhlicheren und glücklicheren Klang auf Erden. Wenn ein erschöpfter Nachbar die gleichen Stimmen hört, vernimmt er nichts als Lärm. Geräusche sind zunächst einmal nur Geräusche, aber wir empfinden sie je nach Gemütslage unterschiedlich.

4. März

Lebe dein Leben nicht,
um andere zufriedenzustellen,
sondern um zu verwirklichen,
was dein Herz will.

27. Oktober

Beim Aufwachen gibt es manchmal Momente, in denen du dich im Stich gelassen fühlst. So als stündest du allein auf einer Bühne, während sich um dich herum eine fremde und harte Welt auftut.
Lastet der Gedanke an die Arbeit des heutigen Tages auf dir? Dann lass mich dich aufmuntern: Richte dich auf und gehe erhobenen Hauptes darauf zu!

5. März

Kreative Ideen können am ehesten abseits des Mainstreams entstehen, wo man nicht auf ausgetretenen Pfaden wandelt und wo man die Regeln permanent infrage stellt.
Dein Leben muss also nicht dem geraden Weg folgen.
Nutze deine gegenwärtige Lebenssituation, um auf deine Art etwas Neues und Spannendes zu entwickeln.

Das größte Glücksgefühl stellt sich ein, wenn es uns gelingt, uns selbst für einen Augenblick zu vergessen. Wenn wir dankbar für einen Menschen in unserem Leben sind, kreist unser Denken um diese Person und nicht um uns selbst.

26. Oktober

6. März

Betrachte die Menschen, die dir heute schwierig erschienen, als deine Lehrmeister, und ebenso jene, die dir heute Freude bereitet haben.

25. Oktober

Willst du verzweifelt jemand Besonderen finden, dann sende dein Gebet hinaus ins Universum. Das Universum ist ein großartiger Ehestifter.

7. März

Hast du jemals ein Gericht von einer Speisekarte bestellt,
das billiger war als das, was du wirklich essen wolltest,
nur um deine Entscheidung zu bedauern, als es kam?
Halte dich stets an deine erste Wahl, wenn du es
dir leisten kannst.
Das ist besser als ein Leben voller Dinge,
die du bedauerst.

24. Oktober

Wenn sich etwas zum
Guten fügt, dann nicht
zwangsläufig deswegen, weil es
schon gut begonnen hat.
Allein auf das Ende kommt es an.
Das Leben ist nicht das, was gegen deinen Willen
mit dir passiert, sondern das, was du daraus machst.

8. März

Liebe kann das Leben
der Menschen ändern.
Fromme Worte können
es nicht.

23. Oktober

Wir Menschen sind alle gleich.
In Hinblick auf unseren Ehrgeiz und
unseren Besitz mag es Unterschiede geben,
aber wenn wir in unsere Herzen blicken,
sind wir alle gleich.
Aus diesem Gefühl der Gleichheit
erwächst Mitgefühl.

9. März

Der Geist kann nicht zugleich
zwei Gedanken nachhängen.
Versuch einmal, genau gleichzeitig
zwei Dinge zu denken.
Na? Ist das möglich?

22. Oktober

Wenn du einen Menschen triffst,
der dich grundlos ärgert oder irrational
handelt, dann sage dir:
»Die Welt ist groß und grenzenlos
und voll von eigenartigen Geschöpfen.«

10. März

»Ob es uns gefällt oder nicht,
wir sind alle miteinander verbunden,
und ganz allein glücklich zu sein
ist unvorstellbar.«
Seine Heiligkeit der Dalai Lama

Mein Glaube ist kostbar für mich
und bedeutet mir viel.
Geht es Anhängern anderer
Glaubensrichtungen nicht ebenso?
Meine Mutter liegt mir am Herzen
und ist mir wichtig.
Gilt das nicht auch für meinen
Nachbarn und seine Mutter?

21. Oktober

11. März

Je höher die Erkenntnisstufe eines Menschen ist, desto eher gesteht er, ein Sünder zu sein. Denn er belügt sich nicht selbst.

20. Oktober

Die Färbung des Herbstlaubs
lehrt uns, dass das Alter
schön sein kann.

12. März

Auch wenn die Wettervorhersage für den ganzen Tag Regen voraussagt, wird es immer wieder Regenpausen geben. Auch wenn wir krank sind und Schmerzen haben, gibt es Momente, in denen die Krankheit erträglich ist und wir schmerzfrei sind. Wenn wir uns aber an den Gedanken klammern, krank zu sein, permanente Schmerzen zu haben oder einen Regentag zu erleben, wird uns alles viel schlimmer vorkommen, als es wirklich ist.

19. Oktober

Das Dhammapada sagt:
»Nie gab es, noch wird es jemals einen geben, dem nur Lob oder nur Tadel zuteilwird.«
Lob und Kritik sind abhängig vom jeweiligen Blickwinkel der urteilenden Person.

13. März

Liegt dir etwas auf der Seele? Dann geh in der Sonne spazieren. In der Sonnenwärme schüttet dein Gehirn Serotonin aus, das den Geist beruhigt. Wenn du deine Frage einfach im Sinn behältst und dich nicht zu sehr bemühst, eine Lösung zu finden, wird die Antwort von selbst auftauchen.

18. Oktober

Erst wenn du selbst eine Enttäuschung erfährst,
erinnerst du dich an all die Menschen,
die du in ähnlicher Weise enttäuscht hast,
und du fühlst dich ihnen gegenüber aus
ganzem Herzen schuldig.

14. März

Eine gesunde und erfüllte Beziehung entsteht,
wenn du als ganzer Mensch erscheinst – wie ein Vollmond,
nicht wie ein Halbmond.
Dann kannst du einen Menschen treffen,
der dir ähnelt und genau wie du ein Vollmond ist.

17. Oktober

Möchtest du einen Gradmesser,
wie vertraut du mit jemandem bist?
Frage dich, ob du mit ihm zusammen
albern sein kannst.

Verliebte verhalten sich wie Kinder.

15. März

Wenn du jemanden aufrichtig liebst, flüsterst du sanft am Abend: »Dich lieb ich mehr als mich, und heute mehr als gestern. Jeden Morgen denke ich beim ersten Herzschlag an dich.«

16. Oktober

In Beziehungen rühren viele
Missverständnisse daher,
dass die Beteiligten zu wenig
miteinander sprechen.
Wenn ihr aufhört zu reden,
entfernen sich eure Herzen voneinander.
Dadurch steigt die Gefahr, dass du deinen Partner
missverstehst.
Sosehr du dich auch über Freunde, Familienmitglieder
oder geliebte Menschen geärgert hast, lasse den persönlichen
Austausch nicht zu lange auf sich warten.

16. März

Wenn jemand etwas sagt,
obwohl er müde ist, denke daran,
dass hier die Müdigkeit spricht.
Es ist weise, wichtige Dinge erst am
nächsten Tag zu besprechen,
wenn beide ausgeruht sind.
Wenn dein Gegenüber müde ist,
schenk ihm eine Tasse Tee ein und
lass ihn in Ruhe.

15. Oktober

Die Welt wird sich auch ohne dich weiterdrehen. Löse dich von der Vorstellung, dein Weg sei der einzig richtige und nur du könntest dafür sorgen, dass etwas gelingt.

17. März

Wähle Glücklichsein, nicht Erfolg als Lebensziel.
Was nützt es dir, erfolgreich zu sein, aber unglücklich?

14. Oktober

Wenn du dich ängstlich fühlst,
stell dir vor, die Furcht sei ein Gast,
der dich besucht und sich schon bald
wieder auf den Weg machen wird.
Wenn du dich stattdessen an dem
Gefühl festklammerst und dich selbst
als furchtsamen Menschen bezeichnest,
machst du den Gast zum Hausherrn.

18. März

Wenn du nach der Trennung von deinem Partner eines Tages feststellst, dass du ihm alles erdenkliche Glück für sein weiteres Leben wünschst, ist das ein Hinweis darauf, dass du bereit bist, selbst auch wieder glücklich zu werden.

Wenn du dich verabredet hast,
gehe zehn Minuten früher los.
Dann wirst du sehen,
wie viel Muße du hast und
wie sehr du den Weg genießt.

13. Oktober

19. März

Manchmal fällt es uns schwer, uns unserer Emotionen wirklich gewahr zu werden.
Verbringe in solchen Phasen ein bisschen Zeit allein und in aller Ruhe.
Ein Spaziergang, ein guter Film, ein gutes Buch oder auch Meditation können hilfreich sein. Gib deinen unterdrückten Emotionen Raum, damit sie sich entfalten und atmen können.

12. Oktober

Unser Bewusstsein wünscht sich vielleicht Geld, Macht, Prestige, doch unser Unterbewusstsein wünscht sich selbstlose Liebe, Harmonie, Humor, Schönheit, Heiligkeit, Frieden und Akzeptanz.

20. März

Wenn du fortwährend mit jemandem in Streit gerätst,
kann das die Art und Weise sein, wie die Welt dich bittet,
dich selbst näher zu betrachten.
Wenn du jemanden nicht magst, versuch herauszufinden,
was genau du an ihm nicht magst, und sieh, ob du einen
ähnlichen Makel an dir entdeckst.

Wenn du liebst, sieht die Welt schön aus.
Du fühlst dich gut, weil du Liebe in dir trägst.
In Momenten, in denen du glaubst,
in deinem Inneren gäbe es keine Liebe mehr,
suche nach Schönheit in deiner Nähe und spüre sie.
So wirst du die Liebe wiederfinden.

11. Oktober

21. März

Wenn wir durch eine Krankheit hindurchgehen, entwickeln wir eine gewisse Abwehrkraft. Wenn wir immer nur versuchen, andere vor Krankheiten zu schützen, werden sie keine eigenen Abwehrkräfte entwickeln können.

10. Oktober

Sogar limitierte Luxusgüter sind genau genommen Dutzendware.
Aber dich gibt es nur ein einziges Mal auf der Welt.
Gehe pfleglich mit dir um!

22. März

Der Anteil deiner selbst, der vielleicht unvollkommen ist oder zerbrochen, kann dich motivieren, an dir zu arbeiten, und dich letztlich zu einem gelungenen Leben führen. Er kann dir auch helfen, andere Menschen zu verstehen und mehr Mitgefühl zu entwickeln.

9. Oktober

Frage dich, was dir wichtig ist
im Leben und welche Werte es
bestimmen.
Was möchtest du wirklich
erreichen?
Wenn du eine klare Antwort
darauf hast, kennst du die Richtung
deines Lebens und kannst voller
Vertrauen und Zuversicht sein.

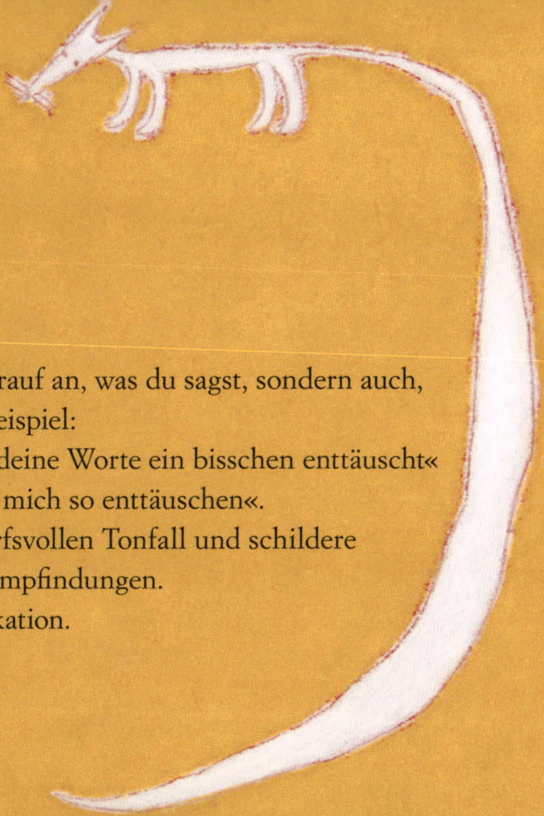

23. März

Es kommt nicht nur darauf an, was du sagst, sondern auch, wie du es sagst. Zum Beispiel:
»Ich fühle mich durch deine Worte ein bisschen enttäuscht« anstatt »Wie kannst du mich so enttäuschen«.
Vermeide einen vorwurfsvollen Tonfall und schildere stattdessen nur deine Empfindungen.
Das ist gute Kommunikation.

8. Oktober

Wenn du einen Menschen triffst, der dich nervt, dann sage dir:
»Genau wie ich macht er das alles nur, um seine Familie zu ernähren.
Genau wie ich macht er das alles nur, um glücklich zu sein.
Ihm geht es auch nicht besser als mir.
Bestimmt hat er Probleme, unter denen er leidet und von denen sonst niemand weiß.«

24. März

Bedenke stets, dass die Gefühle, die eine aufregende Liebe mit sich bringt – seien es Hass und Eifersucht, Sehnsucht und Traurigkeit, sogar Abscheu und Bedauern –, allesamt Passagiere auf demselben Schiff sind.

Nicht jeder auf der Welt kann dich mögen.
Messe dem nicht zu viel Wert bei,
wenn dir jemand keine Sympathie
entgegenbringt.
Es ist genau genommen
sein Problem, nicht deines.

7. Oktober

25. März

Freiheit bedeutet,
keine Furcht vor
dem Unvollkommenen
zu haben.

Zen-Meister Sengchan

6. Oktober

Menschen, die auf andere herabsehen,
tun dies oft aus der Angst heraus,
dass sie selbst von anderen
geringgeschätzt werden könnten.

26. März

Schenke dir einen Tag in der Woche zum Faulenzen. Schließe Freundschaft mit dem blauen Himmel und der angenehmen Brise, und genieße den Tag.

5. Oktober

Das Zusammenleben mit Freunden,
der Familie oder Zimmergenossen ist
ähnlich schwer wie Meditation.
Wenn du dich zurücknimmst und nicht
einfach tust, wonach dir der Sinn steht,
sondern deinen Mitmenschen hilfst
und dich um sie sorgst, bedarf das
einiger Disziplin.
Dass du Menschen, die anders sind
als du selbst, nicht ständig kritisierst,
dass du dich bemühst, sie zu verstehen
und zu akzeptieren, auch das ist eine
gute Meditationsübung.

27. März

Wenn du auf der Leinwand des Herzens immer wieder das Wunschbild deines Lebens entwirfst, wird es Wirklichkeit, ehe du es merkst.
Mit anderen Menschen zusammen glücklich zu werden ist dabei das beste Bild, das du malen kannst.

4. Oktober

Erinnere dich immer daran:
Wenn du jemanden brauchst,
auf den du dich verlassen kannst –
dein innerstes Selbst ist stärker
und weiser, als du glaubst.

28. März

Der Verzicht auf Besitz bedeutet nicht,
völlig ohne Hab und Gut zu leben,
sondern lediglich, nicht daran festzuhalten.

3. Oktober

Unser Geist gleicht dem Himmel,
die Gedanken bilden sich wie Wolken und die
Emotionen entladen sich wie ein Gewitter.
Der Himmel setzt keine Grenzen
und beobachtet nur ruhig,
wie alles über ihn hinweggleitet.

29. März

Bemühe dich, mit denjenigen
eine intensive Beziehung einzugehen, bei denen
du dich mit dir selbst wohlfühlst.

2. Oktober

Dein Körper altert jeden Tag,
aber für deinen Geist trifft das nicht zu.
Dein Geist kennt kein Alter,
er befindet sich in der ewigen Gegenwart.

30. März

Hast du viele Feinde?
Dann halt dich bescheiden zurück und
sprich nicht mehr schlecht über andere.
Diejenigen, die sich keine Feinde machen,
sind mächtiger als jene, die stark genug sind,
sie alle zu bekämpfen und zu besiegen.

1. Oktober

Die Mühen, die du auf dem Weg zum Ziel
auf dich nimmst, sind niemals umsonst,
auch wenn du das Ziel selbst nicht erreichst.
Scheitern hat an sich einen großen Wert,
denn auf diese Weise lernst du viel Neues.
Erst am Ende des Lebensweges erkennt man,
was man daraus gemacht hat.

31. März

Der Weg zur Erleuchtung führt nicht über das Lernen, denn dieses häuft oft nur Wissen an.
Zu wirklicher Erkenntnis hingegen gelangst du nur, indem du deine Gedanken frei machst und jegliches Wissen daraus vertreibst. Erst wenn dein Geist leer ist, kann er erleuchtet werden.

30. September

Wenn mein Geist ruhig ist, nehme ich wahr, dass der Mond am Himmel steht und der Wind aufgefrischt hat, und ich erkenne, dass das Leben nicht nur ein Meer aus Leiden ist.

Aus dem Caigentan

1. April

Ich wünsche euch allen viel Glück, Gesundheit,
Frieden und Geborgenheit, wo immer ihr auch seid.

Auch wenn du manchen Menschen
sehr nahestehst, solltest du manche Fragen
lieber vermeiden:
»Warum hast du nicht abgenommen?«
»Warum hast du noch nicht geheiratet?«
»Warum bist du geschieden?«
»Warum bist du arbeitslos?«
Bitte behalte diese Fragen für dich.

29. September

2. April

Wenn ich mir gefalle, so wie ich bin, ist es auch leicht, die Menschen um mich herum zu mögen.
Wenn ich aber unzufrieden mit mir selbst bin, werde ich auch mit meinem Umfeldbunzufrieden sein.
Sei also dein größter Fan!

28. September

Wenn du am Morgen erwachst, sag dir:
»Ich werde den heutigen Tag nicht passiv verbringen, nicht nur das tun, was andere mir sagen.
Ich werde die Initiative ergreifen und mein Schicksal selbst in die Hand nehmen!«

3. April

Weil du manchmal krank bist, lernst du, dankbar für deine Gesundheit zu sein.

Weil du manchmal Fehler machst, lernst du, wie wichtig Sorgfalt ist.

Weil du manchmal Misserfolge hast, lernst du die Tugend der Bescheidenheit.

Nichts im Leben geschieht ohne Grund und daher ist nichts je verschwendet.

27. September

Wenn dein Herz sich ausruht,
macht die Welt eine Pause.
Wenn dein Herz glücklich ist,
ist die Welt auch glücklich.

4. April

Was dich schwach macht …
… die Gier nach Anerkennung und Bestätigung deines Werts, die du von anderen bekommen möchtest.

26. September

Wenn jemand nach dir ruft,
dann braucht er gleich deine Hilfe.
Zögerst du, um dich besser vorbereiten zu können,
verpasst du die Gelegenheit. Wenn du endlich
bereit bist, kann es für deine Hilfe zu spät sein.
Sei nicht so ängstlich und nimm die
Herausforderung an!

5. April

Sei verschwenderisch mit deiner Liebe, auf dass es deiner Familie, Freunden, Kollegen oder Fremden auf der Straße gut gehe.
Ein Heiliger handelt nicht mitfühlend, weil er heilig ist, sondern er ist ein Heiliger, weil er mitfühlend handelt.

25. September

Gemäß der buddhistischen Lehre
über Reinkarnation gibt es zwei
Arten von Kindern.
Die einen werden wiedergeboren,
um die Wohltaten zu vergelten,
die ihnen ihre Eltern erwiesen haben.
Die anderen werden wiedergeboren,
um Schulden einzutreiben, die ihre
Eltern bei ihnen gemacht haben.

Frage dich, zu welcher Gruppe du
gehören wirst.

6. April

Wenn andere einen Kaffee trinken möchten,
du aber Lust auf einen Chai Latte hast,
dann sage »Ich will lieber einen Chai Latte«,
ohne dich dabei schlecht zu fühlen.
Du darfst das sagen. Natürlich ist es
begrüßenswert, wenn wir uns gegenüber
unseren Mitmenschen rücksichtsvoll
verhalten, aber wir haben auch die Pflicht,
uns selbst wertzuschätzen.

24. September

Ein Tsunami ist nicht nur wegen des Wassers beängstigend, sondern auch wegen der Gegenstände, die das Wasser uns entgegenschleudert.
Wir sind nicht nur deswegen unglücklich, weil etwas Schlimmes geschehen ist, sondern auch wegen der Gedanken über das Geschehene, die in unserem Kopf herumwirbeln.

7. April

So wie es Zeit benötigt,
Reis zu dämpfen, bis er gar
und schmackhaft ist,
so braucht man auch Zeit,
sich in der Partnerschaft
aufeinander einzuspielen.

23. September

Möchtest du dich wirklich ausruhen? Dann sorge dafür, dass dein Geist ausschließlich der Gegenwart zugewandt ist. Gedanken an die Vergangenheit oder Grübeleien über die Zukunft sind nur wie Gäste auf der Durchreise.
Wenn dein Geist auf die Gegenwart konzentriert ist, gibt es weder Vergangenheit noch Zukunft. Es gibt nur das Jetzt.

8. April

Liebe bedeutet,
dass du deinem Partner nah bist,
dass du ihm immer gerne zuhörst,
dass du ihm vertraust,
dass deine Liebe keinen anderen Grund hat
als die Liebe selbst,
dass du ohne Reue immer weiter gibst,
dass du ihn liebevoll ansiehst.

22. September

Es gibt keinen bestimmten Ort, den du zum Meditieren aufsuchen musst. Jeder Ort, an dem dein Geist und die Welt aufeinandertreffen und Reibung entsteht, ist geeignet.

9. April

Ihr jungen Menschen!
Ich bitte euch, die Zuneigung,
die ihr für jemanden empfindet,
nicht mit Liebe zu verwechseln,
wenn ihr nicht Taten und
Verantwortung folgen.

21. September

Du hast über jemanden schlecht geredet
und er begegnet dir, ohne davon zu wissen,
mit Freundlichkeit.
Da fühlst du dich unwohl,
weil du ein schlechtes Gewissen hast.
So kann man sich rächen: mit Zuneigung.

10. April

Wer sich der Meditation verschrieben hat, sollte unter vielen so leben, als wäre er allein.
Wenn er aber allein lebt, sollte er sich verhalten, als lebe er unter vielen.

20. September

Ist es ein Mensch wert, in deinem
Herzen getragen zu werden,
obwohl du gegen ihn eine Abneigung verspürst?
Reservieren diesen Platz lieber für deine Familie und
Freunde, die dich unterstützen.
Es macht dich nur krank, Menschen, die du nicht magst,
Raum in deinem Herzen zu gewähren.

11. April

Glück findest du in zwischenmenschlichen Beziehungen.

Haste nicht blindlings voran, sondern kümmere dich auch um deine Freunde, Familienmitglieder und Kollegen.

19. September

Man kränkt Menschen zumeist aus Unwissenheit,
nicht weil man boshaft ist.
Wenn du jemanden verletzt hast oder
verletzt worden bist, sei du derjenige,
der zuerst auf den anderen zugeht und sagt:
»Es tut mir leid, dass ich dich
missverstanden habe.«

12. April

Bevor du zu Bett gehst und einschläfst,
mache dir drei Dinge bewusst, für die du heute dankbar bist.
Wenn du dies zwei oder drei Monate lang beibehältst, wirst du glücklicher und zufriedener werden, denn anstatt dich auf das Negative zu konzentrieren, wirst du lernen, auf das zu achten, was in deinem Leben positiv und schön ist.
Glücklich sein braucht Übung.

18. September

Deine Freiheit ist wichtiger als Geld.
Es ist besser, das Leben zu führen, das du willst,
als mehr zu verdienen und eingeschränkt zu sein.
Verkauf deine Freiheit nicht.

13. April

Grausame Ironie:
Der Lohn für einen hart arbeitenden Menschen ist noch mehr Arbeit.

17. September

Wenn du die 18. Kung-Fu-Stufe
erreicht hast, kannst du jemanden mit
einem Fingerschnippen verletzen.
Doch wenn du weitermachst, bis du
alle 36 Stufen beherrschst, beschließt du,
dich zurückzuziehen, wenn Schwache
törichterweise in einen Kampf geraten.

14. April

Liebe entsteht aus Liebe.

16. September

Freunde, die vor dir schlecht von anderen reden,
werden auch über dich schlecht reden,
wenn du nicht dabei bist.

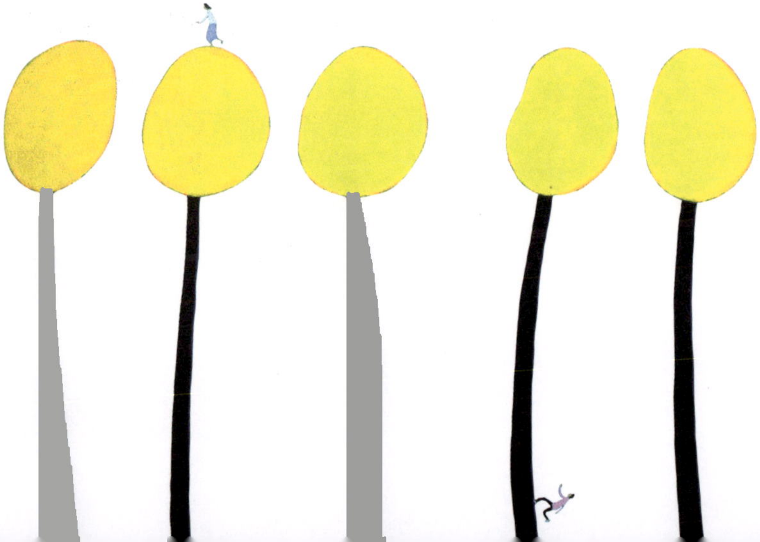

15. April

Unglücklich sind diejenigen, die nur
bei anderen die Fehler sehen.
Mögest du am heutigen Tag andere
loben und beglückwünschen,
statt sie auf ihre Fehler hinzuweisen.

15. September

Das beste Geschenk,
das wir einem geliebten Partner
machen können,
ist einfach für ihn da zu sein.

16. April

Alles in der Welt ist miteinander verbunden
und voneinander abhängig.
Hat nur einer von uns Schmerzen,
fühlen wir sie alle.

14. September

Schreibe alles auf, was dich beschwert.
Vor allem die Dinge, die du unbedingt
tun musst.
Mache einen Plan, in welcher Reihenfolge
du sie erledigen willst. Beginne mit dem
Einfachsten. Dann lass es für heute gut sein.
Wenn du morgen die Augen öffnest,
sind dein Körper und Geist viel besser
vorbereitet als jetzt.

17. April

Wer bei einem Streit über Recht und Unrecht als Erster in Wut gerät, der hat verloren.

13. September

Jeder braucht Zeit für sich allein.
Gehe in eine Buchhandlung oder ins Café,
in die Kirche oder in einen buddhistischen Tempel.
Auch ein einfacher Spaziergang ist gut.
Das Alleinsein lässt die Welt für einen Moment stillstehen
und bringt dein Inneres wieder in Harmonie.

18. April

Stehe zu dem, was dich wirklich
glücklich macht.
Tatsächlich glücklich zu sein
ist wichtiger, als in den Augen
der anderen glücklich zu erscheinen.

12. September

Sobald du darüber nachdenkst,
was andere über dich sagen, und
anfängst, ihnen zu glauben, wird das
Gerede deinen Geist beherrschen.
Nur weil es dir ständig durch den Kopf geht,
ist es noch lange nicht wahr.
Lass die Meinung anderer nicht dein Leben bestimmen.

19. April

Wenn du nicht sicher bist, wie du dich entscheiden sollst, wisch alles beiseite und hör auf dein Herz. Dein Herz ist viel weiser als dein Kopf, es kennt die Antwort bereits.

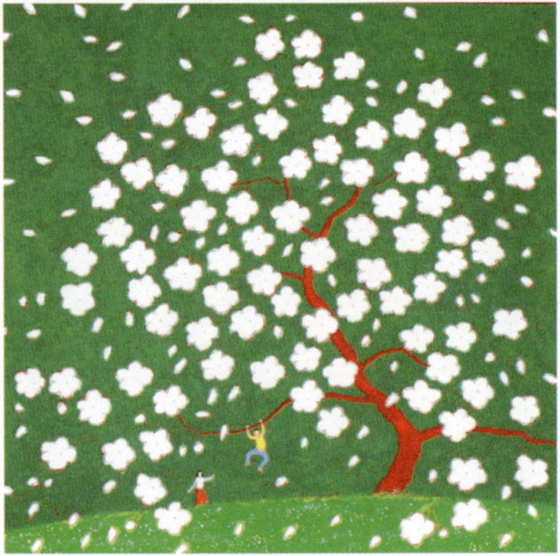

11. September

Die beste Medizin, um Gefühle
wie Sinnlosigkeit, Zorn und
Niedergeschlagenheit zu überwinden,
sind kleine freundschaftliche Gesten
gegenüber anderen Menschen.

20. April

Dich von einem Menschen zu lösen, ist schmerzhaft,
nicht wahr?
Wenn du aber mit gewissem Abstand zurückblickst,
wirst du irgendwann erkennen, dass er überhaupt nicht
zu dir gepasst hat.

10. September

Manchmal stellt uns das Leben vor überraschende Herausforderungen. Verzweifle dabei nicht! Denke daran, dass du nicht allein bist, und tröste dich mit dem Gedanken, dass auch alle Schwierigkeiten vergänglich sind.

21. April

Wahre Liebe bedeutet, sich um einen anderen Menschen zu kümmern, ungeachtet dessen, wie er ist.
Die Frühlingssonne spendet ihre warmen Strahlen allen Lebewesen.
Sie interessiert sich nicht dafür, wie sie sind, und versucht auch nicht, sie zu ändern.

9. September

Wenn du liebst,
sorgst du auch für andere.
Wichtig dabei ist, dass du dich
bei aller Fürsorge zurückhältst,
wo es angeraten ist.

22. April

Du bist heute niedergeschlagen?
Dies ist nur ein Tag deines Lebens.
Schlaf dich aus, dann wird das Gefühl
von selbst vergehen.

8. September

Das beste Geschenk, das du einem dir nahestehenden Menschen machen kannst, ist ihm beizustehen, wenn er Kummer hat. Sitzt einfach nebeneinander, schaut euch in die Augen, haltet euch an den Händen und gebt euch einen Kuss.

23. April

Es gibt nur eine Art des Bungee-Jumpings:
einfach springen!
Je mehr du nachdenkst, umso schwieriger wird es.
Übertriebenes Nachdenken erzeugt nur Angst und Zweifel.
Hab Vertrauen und wage den Sprung ins Ungewisse.

7. September

Es sind die krummen Bäume,
die den Berg beschützen.
Die gut gewachsenen Bäume werden
zuerst gefällt und zu Holz verarbeitet.
Der wahrhaft Erleuchtete gebärdet sich
nicht, als sei er den anderen überlegen.

24. April

Wenn du strauchelst, weil du dich
aus dem Gleichgewicht bringen lässt,
dann wird die Welt dich noch
stärker beuteln.
Lerne von den Felsen, die weder
Lob noch Tadel ins Wanken bringen.

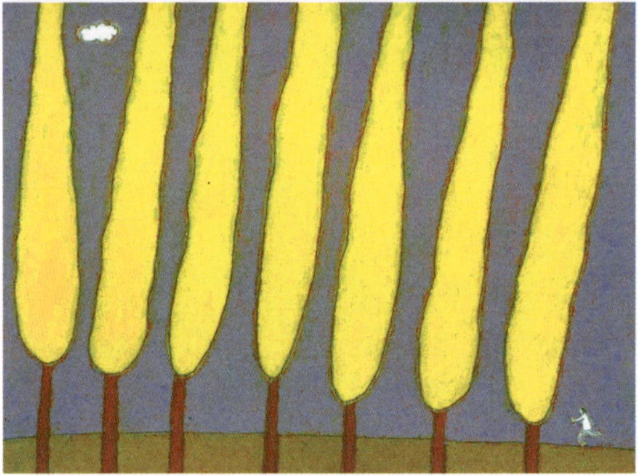

6. September

Fehler, die du bei anderen entdeckst,
spiegeln lediglich deine eigenen
Unzulänglichkeiten wider.
Erinnere dich in so einer Situation an
dein Ziel und konzentriere dich darauf,
an dir selbst zu arbeiten.

25. April

Ab und zu musst du offen aussprechen, was dir auf dem Herzen liegt. Manchmal verletzt du damit andere Menschen, aber am Ende werden sie dir dankbar dafür sein.
Die Wahrheit befreit gleichermaßen den, der sie ausspricht, wie den, der sie hört.

5. September

Gute Freunde und Kollegen sind nicht die, die dir immer nur Schmeichelhaftes sagen.
Gute Freunde machen dich darauf aufmerksam, wenn du einen offensichtlichen Fehler begehst.

»Das war anstrengend. Ich habe mich den ganzen Tag über geistig und körperlich verausgabt. Gut gemacht!« Klopfe dir selbst auf die Schulter und baue dich mit Worten auf.

4. September

Auch wenn der Mensch, den du verabscheust, es vielleicht verdient hat, macht dein Hass in erster Linie dich selbst unglücklich.
Je tiefer das Tal des Hasses wird, desto mehr fühlst du dich, als ob du in einer Hölle eingesperrt wärest.
Entschließe dich, dieser negativen Gefühle gewahr zu werden – wenn schon nicht für jemand anderen, so doch für dich selbst.

27. April

Nicht weil du keine Freunde hättest, bist du einsam, sondern weil du sie vernachlässigst und den Kontakt nicht pflegst.

3. September

Wer zum ersten Mal betet, wünscht sich, seine Bitte möge erhört werden. Später entwickelt sich das Gebet zum Ausdruck von Dankbarkeit für das bereits Erhaltene. Und weiter wandelt es sich zu dem Wunsch, Gott ähnlich sein zu können.
Letztlich führt das Gebet über die Zwiesprache hinaus zu einem Zustand des vollkommenen Seins.

28. April

Wenn in deinem Umfeld alles harmonisch verlaufen soll,
hör auf, berechnend zu sein.
Stellst du Überlegungen an, wie viel du dem anderen gegeben hast, und rechnest dagegen auf, was du zurückbekommen hast?
Dann wird es in dieser Beziehung öfter knirschen.

2. September

Versuche, die Traurigkeit nicht von dir
zu schieben, wenn sie dich besucht.
Lasse dich stattdessen auf sie ein,
schau in ihr Innerstes und umarme sie.
Nachdem du dir alles von der Seele geweint hast,
siehst du den Silberstreif am Horizont.

29. April

Gönne dir eine kleine Unterbrechung von dem, was du gerade tust, und genieße den Frühling in vollen Zügen.
Auch wenn die Mittagspause kurz ist:
Spüre die Schönheit des Lebens,
während du die Frühjahrsblüten betrachtest.
Wer soll sich um dich kümmern,
wenn nicht du selbst?
Mache den heutigen Tag zu einem
besonderen und glücklichen Ereignis.

1. September

Wenn du dich zu jemandem hingezogen fühlst,
versuche nicht, ihn zu besitzen, beschränke dich
stattdessen darauf, die Zeit zu genießen,
die du mit ihm verbringst.
Dann werdet ihr euch weiterhin treffen und eure
Verbindung wird sich vertiefen.

30. April

Wenn du bemerkst, dass dir gleich der Kragen platzt, denke vor allem an deine Kinder und wie das auf sie wirken muss.
Versuche dich zu beherrschen, für dich selbst und des Familienfriedens wegen.

31. August

Bedauerst du vielleicht gerade,
dass du Momente, in denen du
wirklich glücklich warst, gar nicht
wahrgenommen hast?
Dann lege eine Pause ein und
genieße dankbar das Glück,
wenn es sich zeigt, bevor du am
Ende deines Lebens Reue darüber
empfindest, es nicht getan zu haben.

1. Mai

Intellektuelle sind Menschen, die sich in die Angelegenheiten der Allgemeinheit einmischen, diese als ihre eigenen betrachten und dafür kämpfen, wenn Gerechtigkeit und Freiheit, Güte und Wahrheit, allgemeingültige Werte mit Füßen getreten werden.

Jean-Paul Sartre

30. August

Genau genommen gibt es
keine erleuchteten Menschen.
Es gibt nur Momente,
in denen man erleuchtet handelt.

Zen-Meister Shunryu Suzuki

2. Mai

Wenn dich jemand fragt, wie es dir geht, und du weißt keine Antwort, so erwidere einfach: »Mir geht's prima!« Von diesem Moment an wird es dir tatsächlich besser gehen.

29. August

Wenn du einen stacheligen Charakter hast,
kannst du damit andere leicht stechen.
Versuche stattdessen, schöne Blüten zu treiben,
und seien sie auch noch so klein.
Verströme den Blumenduft einer warmherzigen
Persönlichkeit, indem du lernst, dich zu gedulden
und demütig zu sein.

3. Mai

Du weißt nicht, wie du die Probleme in deinem Leben dauerhaft lösen sollst? Dann bete! Wenn du dich innerlich sammelst und aus ganzem Herzen nach der Antwort suchst, wird das Göttliche in dir die Tür dafür öffnen.

28. August

Der Geist ist der Mittelpunkt aller
heiligen Orte auf Erden.
Begib dich dorthin und streife umher.

4. Mai

Schenke deinen Kindern immer deine volle Aufmerksamkeit und gib ihnen das Gefühl, in deiner Liebe geborgen zu sein. So brauchen sie später als Erwachsene nicht nach Anerkennung durch andere zu streben.

27. August

»Haemin Sunim, wissen Sie, warum mein erstes
Gehalt mich glücklich gemacht hat?
Ich konnte meine Eltern zum Essen ausführen und habe mir zum ersten Mal eine Massagebehandlung gegönnt.«
Glück ist nichts Besonderes. Es kann leicht in den kleinen Dingen des Alltags gefunden werden.

5. Mai

Das größte Geschenk, das Eltern ihren Kindern machen können, ist glücklich zu sein.
Dann wachsen ihre Kinder selbstbewusst heran.

26. August

Es ist in Ordnung, traurig zu sein.
Wenn du Schmerzen hast, gegen die
du nichts unternehmen kannst,
darfst du durchaus sagen, dass es
dir schlecht geht.
Häufig haben wir Schwierigkeiten,
weil wir Dinge nicht akzeptieren,
die wir ohnehin nicht ändern können.
Lass sie sein, wie sie sind – und
warte, was passiert.

6. Mai

Das schöne Besteck, Tee, Wein, Kleidung, einen Füller oder Bettwäsche – all die Dinge, die du für besondere Momente aufgehoben hast: Benutze sie, wann immer es geht!
Besondere Augenblicke existieren nicht jenseits deines Alltags.
Gerade dadurch, dass du die besonderen Dinge benutzt, wird auch der Moment besonders.

25. August

Du hoffst, dass dir jemand Gutes tut?
Fange selbst damit an.
Alles wird schließlich zu dir zurückkommen.

7. Mai

Die innere Ruhe, die du spürst, wenn du ab und zu allein bist, ist wie Medizin für deine Seele.
Dann kannst du dein Zentrum finden und dem Göttlichen in dir begegnen.
Verschreibe dir regelmäßig das Medikament »Stille«.

24. August

Dein Leben ist nicht schwierig, weil die Vergangenheit dich festhält, sondern weil du gedanklich immer wieder in die Vergangenheit zurückkehrst und dort verweilst.
Lass das Vergangene ruhig los.
Es fließt von selbst davon wie Wasser.
Dein wahres Selbst ist nicht der Fluss der Erinnerung.
Vielmehr betrachtet es in aller Ruhe die Strömung vom Ufer aus.

8. Mai

Die wirklich wichtigen
Dinge unseres Lebens
sind uns meist so nah.
Und dennoch vergessen wir
sie zuweilen.

23. August

Ich wünsche jedem
von Herzen,
dass er mit gütigen
Augen auf sich selbst
blicken kann.

9. Mai

Kaufe lieber einen Blumenstrauß anstatt eines Lottoscheins.
Du kannst sicher sein, dass Blumen auf dem Esstisch dir für einige Tage ein Gefühl von Ruhe und Glück bescheren.

Wenn das Schicksal dich mit voller Wucht trifft und zu Boden wirft, stehe wieder auf und gehe deinen Weg weiter.
Selbst wenn du vor Frustration den Tränen nahe bist und vor Scham sterben möchtest, gehe weiter – Schritt für Schritt.

Wenn du nicht stehen bleibst, wird alles gut.
Solange du weiterläufst, gelingt es dir, alles zu vergessen.
Ich spende dir großen Beifall, wie du versuchst, an deinem Kummer zu wachsen.

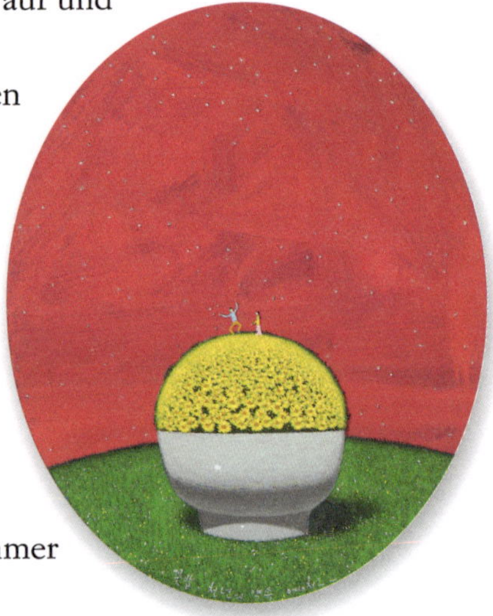

22. August

10. Mai

Möchtest du dich ausschlafen?
Erinnere dich an diejenigen, denen du dein Leben lang dankbar sein wirst. Oder an Momente, auf die du stolz bist, weil du Menschen geholfen hast. Solche Erinnerungen wiegen dich in einen friedlichen Schlummer.

21. August

Entscheide dich für das Glücklichsein. Nimm dir fest vor: »Ich möchte glücklich sein«. Denn einerseits wird dir Glück zuteil wie der Gewinn in einer Lotterie, ohne dass du Einfluss darauf hättest, andererseits hängt dein Glück auch davon ab, wie du die Welt betrachtest. Entscheide dich also jetzt, dass du glücklich sein willst.

11. Mai

Erst wenn du dich ganz akzeptierst und mit dir selbst im Einklang lebst, kannst du andere froh und zufrieden machen.

20. August

Nahestehenden Menschen gegenüber
lassen wir uns leichter zu Zornesausbrüchen
hinreißen als bei Fremden.
Wenn jemand auf dich wütend ist und du
darauf genauso ungehalten reagierst,
entsteht nur Streit.
Vielleicht braucht der andere ein offenes Ohr
und dein Verständnis, weil er gerade gestresst
und überfordert ist.
Statt mit ihm zu streiten, versuche lieber
ihn zu verstehen.

12. Mai

Unsere größten Lehrer sind zwischenmenschliche Beziehungen. Solange das Verhältnis zu einem anderen Menschen noch getrübt ist, ist deine Erkenntnis noch nicht vollkommen.

19. August

Konfrontation und Streit in unserem Leben
können dadurch aufgelöst werden,
dass wir üben, uns in andere Menschen
hineinzuversetzen.

13. Mai

Wenn du Menschen in der Erwartung hilfst,
dass sie irgendwann eine Gegenleistung erbringen,
ist deine Tat keine echte Hilfeleistung.
Vielmehr hast du sie bloß eine Weile verliehen.

18. August

Es geht nicht darum, den Schmerz in deinem Leben irgendwie zu überstehen. Er ist vielmehr ein Ruf nach Liebe und Heilung. Je mehr du ihn leugnest, desto stärker drängt er sich in den Vordergrund.
Öffne dich ihm gegenüber, ohne Ablehnung, ohne Widerstand. Wenn du dich eingehend mit ihm auseinandersetzt, spürst du die Liebe, die im Schmerz verborgen ist.

14. Mai

Das wahre Gesicht der Liebe ist Akzeptanz,
Respekt und Freiheit,
keineswegs Zwang und Kontrolle.

17. August

Wir sind nicht deswegen wert, geliebt zu werden, weil wir irgendetwas gut gemacht haben, sondern weil wir grundsätzlich wertvolle Wesen sind. Auch wenn wir den Erwartungen der Welt in puncto Vollkommenheit nicht gerecht werden, hat unser Dasein an sich bereits einen Wert, um dessentwillen man es lieben soll.

15. Mai

Fällt dir gerade jemand ein,
dem du dankbar bist?
Zögere nicht, dieser Person
gleich eine E-Mail oder SMS zu
schicken und darin deine
Dankbarkeit zum Ausdruck
zu bringen.
Während du das tust,
wird dein Herz von Wärme
und Glück erfüllt sein.

16. August

Wenn auf Tisch und Boden bereits Unordnung herrscht, wächst das Durcheinander umso schneller. Natürlich steigert das nicht deine Arbeitseffizienz. Gewöhne dir daher an, getragene Kleidung stets in den Schrank zu räumen, wenn du von der Arbeit heimkommst.

16. Mai

Die Abkürzung zum Glück:
Erstens solltest du aufhören, dich mit anderen zu vergleichen.
Zweitens, suche das Glück in deinem Herzen.
Drittens, suche nach der Schönheit der Welt und spüre sie, in diesem Augenblick.

15. August

Wahre Freiheit ist, von den
eigenen Gedanken befreit zu sein.

Jiddu Krishnamurti

17. Mai

Möchtest du dich von deinen Gedanken befreien und dir geistige Erholung verschaffen? Dann sieh in dich hinein und betrachte ganz ruhig deinen eigenen Geist. In diesem Moment machen die Gedanken eine Pause.

14. August

Ich wünsche dir alles Glück dieser Erde.
Doch warte nicht einfach darauf,
dass es dir jemand auf dem Silbertablett serviert,
sondern entscheide dich selbst dafür,
glücklich sein zu wollen.
Gestehe niemandem sonst die Macht zu,
dich glücklich zu machen.

18. Mai

In dem Moment, in dem du dich
so annimmst, wie du bist, breitet sich
letztlich Frieden in dir aus.
Versuche nicht, jemand anderes zu werden.
Du kannst nur du selbst sein.

Du solltest darauf verzichten, die Menschen in deiner Umgebung nach deinen Wünschen ändern zu wollen. Du kannst nicht einmal dich verändern, wie soll es dir dann bei anderen gelingen?

13. August

19. Mai

Scheue dich nicht, Fehler zu machen.
Stelle aber sicher, dass du daraus lernst.

12. August

Leiden ist das Tor
zu einer neuen Welt.

Stephen Kardinal Kim Sou-Hwan

20. Mai

Ich denke nicht, dass das Leben etwas
Großartiges mit mir vorhat.
Es sind einfach die Menschen um mich
herum, diejenigen, die ich regelmäßig treffe,
die mein Leben so reich machen.
Daher achte und wertschätze ich sie.
Denn nicht ich, sondern sie sind die Hauptakteure
in der Geschichte meines Lebens.

11. August

Nach einem heftigen Gewitter sehen wir den
blauen Himmel und die grünen Hügel viel klarer
und leuchtender als zuvor.
Ebenso sehen wir nach großen Herausforderungen
viel deutlicher, was in unserem Leben wirklich wichtig ist.

21. Mai

Es gibt genau genommen nicht den Einen,
den das Schicksal für dich bestimmt hat.
Sondern ein Mensch wird zu deinem Schicksal,
indem du lange Zeit mit ihm in Liebe verbunden bist
und ihr beständig an eurer Beziehung arbeitet.

10. August

Läuft bei dir alles nach Plan?
Hinterfrage, ob du dabei jemanden übervorteilst und
ob dein Erfolg nicht auf Kosten anderer geht.
Sollte das der Fall sein, musst du damit rechnen,
dass die Geschädigten es dir heimzahlen,
sobald sich ihnen eine Gelegenheit dafür bietet.

22. Mai

Wenn du deiner Familie oder deinen Freunden zeigen möchtest, wie sehr du sie liebst, höre ihnen aufmerksam und mit ganzem Herzen zu.
Dein aufrichtiges Interesse gibt deinem Gegenüber das Gefühl, ein wertvoller Mensch zu sein und geliebt zu werden.

9. August

Im Leben geht es nicht darum,
darauf zu warten,
dass der Sturm vorüberzieht.
Es geht vielmehr darum zu lernen,
wie man im Regen tanzt.
Vivian Greene

23. Mai

Nur wirkliches Verstehen bringt Vergebung hervor. Und diese Art des Verstehens ist möglich, wenn du das Leid anderer siehst.

Thich Nhat Hanh

8. August

Wenn du völlig ohne fremde Hilfe auskommst,
kannst du immer selbstbewusst auftreten,
egal vor wem du stehst.
Wenn du ein uneigennütziges Leben führst,
brauchst du keine Angst zu haben,
die Wahrheit zu sagen.

24. Mai

Wenn du erfährst, dass jemand, dem du nie begegnet bist, sich leichtfertig über dich äußert, wird schnell klar, worum es wirklich geht: reine Projektion!

7. August

Selbst wenn du nur einen
bescheidenen Traum hast,
behalt ihn nicht für dich.
Sprich mit anderen darüber.
Wenn du zehn Personen
davon erzählt hast, ist die
Wahrscheinlichkeit größer,
dass er wahr wird.

Wo viele Menschen zusammenkommen, wirst du erleben, dass einige dich ohne besonderen Grund mögen, andere ebenso grundlos Abneigung gegen dich empfinden.
Das ist das Gesetz der Natur, weshalb du dir solche Dinge nicht zu Herzen nehmen solltest.

6. August

Seit zwei Tagen habe ich
eine Mücke im Zimmer, die
mich nicht sticht.
Gut, auf dieser Basis können
wir weiter zusammenleben.
Wir sind offenbar eine
Schicksalsgemeinschaft.

26. Mai

Kaum hast du dir etwas vorgenommen, siehst du das Ergebnis schon vor deinem geistigen Auge. Sobald du den Entschluss gefasst hast, ein Buddha zu werden, ist der Buddha in deinem Herzen. In dem Moment, wo du an Jesus denkst, denkt Jesus auch an dich.

5. August

Hat sich ein Gefühl erst
einmal in dir breitgemacht,
kannst du es mit bloßer
Willenskraft nicht beiseite-
schieben.
Über Gefühle und Gedanken
hast du keine Kontrolle.
Sie sind wie Wolken, die durch
äußere Bedingungen entstehen
und wieder verschwinden.
Betrachte sie ruhig und
mit Abstand, wie einen Gast,
der auf Durchreise ist.

27. Mai

Während du an der Verwirklichung deines Traums arbeitest, handle selbstbewusst, als hätte er sich bereits erfüllt. Du wirst sehen, dein Traum wird wirklich wahr.

4. August

Einen guten Job und Geld zu haben ist sicher nicht schlecht. Ein gutes Verhältnis zu deinen Mitmenschen zu haben und von ihnen wertgeschätzt zu werden, lässt uns jedoch erst echtes Glück und inneren Frieden erfahren.

28. Mai

Man kann die Tiefe des Himmels erst ermessen, wenn keine Wolke das Blau verdeckt. Ebenso kann man die wahre Natur unseres Geistes erst erkennen, wenn er frei von Gedanken ist.

3. August

Es gibt Momente, da fragst du dich, wie dein Kind, deine Eltern oder deine Geschwister sich so benehmen und so denken können, wie sie es tun.
Selbst wenn du all das nicht verstehst und es dir nicht gefällt, liebst du sie dennoch von ganzem Herzen. Denn wahre Liebe geht über die Vernunft hinaus.

Ein Beziehungsproblem lässt sich nicht von jetzt auf gleich lösen. Das Einzige, was du tun kannst, besteht darin, dass du versuchst, dich in deinen Partner hineinzuversetzen und zu verstehen, warum er so gehandelt hat und welche Umstände dabei eine Rolle gespielt haben.

29. Mai

2. August

Liebe ist, den Partner so sein zu lassen, wie er ist.
Liebe bedeutet nicht, einem geliebten Menschen
sein Leben aufzuzwingen.
Wahre Liebe ist, dass du deinen Partner sein eigenes
Leben führen lässt.

30. Mai

Wenn dich eine harte Prüfung wie eine Welle überrollt, verzage nicht!
Zieh dich an einen Ort absoluter Ruhe zurück und gehe in dich.
Wenn der Geist den Zustand vollkommener Ruhe erreicht, erkennst du die Wahrheit.
Du besitzt die Kraft und die Weisheit, auch diese Prüfung zu bestehen.

1. August

Ein einziger Tadel macht auf uns mehr Eindruck als zehnfaches Lob.
Wenn du dich durch eine Kritik verletzt fühlst, denk daran, dass auf jede Kritik auch zehnfacher Beifall kommt, von Menschen, die auf deiner Seite stehen und dich mögen.

31. Mai

Den Partner manchmal einfach
in Ruhe zu lassen
ist ein Zeichen von Liebe.

31. Juli

Wenn die Blumen verblühen
und das Abendrot sich senkt,
wenn die Lebenskraft aus einem
nahestehenden Menschen weicht,
verspüren wir trotz tiefer Trauer
den Drang, das Leben verstehen
zu wollen und es so hinzunehmen,
wie es ist.
Darüber hinaus lernen wir in
Demut, anderen und uns selbst
zu verzeihen.

Hae-In Lee, Nonne und Dichterin,
Auszug aus ihrem Gedicht *Kleines Gebet*

1. Juni

Wenn ein Mensch, den du liebst, leidet und dich braucht,
dann sei einfach für ihn und sein Leid da.
Geh mit ihm gemeinsam durch den Schmerz und zeig
diesem Menschen, dass er nicht allein ist.

30. Juli

Allein, sich viele Gedanken über ein Problem zu machen, bringt nicht unbedingt eine Lösung. Versuche nicht allzu krampfhaft darüber nachzudenken, sondern gönne dir stattdessen eine Pause.
Wenn der Geist pausiert, ergibt sich alles plötzlich wie von selbst.
Weisheit kommt aus der Stille.

2. Juni

Gibt es Momente, in denen du zögerst, etwas zu erledigen? Frage dich, ob es dir keine Ruhe ließe, falls du es auf die lange Bank schiebst.
Ist die Antwort Ja, dann packe es lieber gleich an, damit du dich nicht mit Entschuldigungen und Ausreden quälen musst.

29. Juli

Viele glauben, man brauche nur abzuwarten,
bis der nächste Bus kommt, aber es kann passieren,
dass der Fahrplan geändert oder die Buslinie eingestellt
wird und man diesen Bus niemals wieder erwischt.
Sei deshalb nicht ängstlich, wenn sich dir eine
Möglichkeit offenbart.
Nimm all deinen Mut zusammen und steig in den Bus.

3. Juni

Erst nachdem du das Restaurant verlassen hast, bemerkst du, dass du zu viel gegessen hast. Meditation beginnt damit, dass du jeden Moment hellwach bist.
Wenn jemand schon während des Mahls bemerkt, wie viel er isst, ist er geschult in der Meditation.

28. Juli

Wenn ich mich veranlasst fühle,
mich in die Angelegenheiten eines anderen
einzumischen, frage ich mich immer:
»Ist das wirklich meine Aufgabe?«

4. Juni

Die meiste Zeit deines Lebens
verbringst du nicht mit Besonderem,
sondern mit Alltäglichem.
Am Schalter ziehst du eine Nummer
und wartest, bis du an der Reihe bist.
Im Restaurant wartest du darauf,
dass das bestellte Essen serviert wird.
Auch in der U-Bahn verbringst du viel Zeit.
Du bekommst Nachrichten von Freunden
und antwortest ihnen …
Das Glück findest du nur, wenn dich diese
alltäglichen Dinge glücklich machen.

27. Juli

Wenn du einem Menschen hilfst, stelle dir vor,
dass du es nicht für den anderen tust,
sondern einfach deshalb, weil du gerne hilfst
und es dir Freude bereitet.
Dann wirst du dich später nicht ärgern,
falls der andere sich für deine Hilfe
nicht revanchiert.

5. Juni

Wenn du ohne ständige
Grübeleien leben möchtest,
ist das ganz einfach.
Sorge dafür, dass dein Geist
der Gegenwart zugewandt ist.

26. Juli

Anfangs kann man Menschen durch
Worte beeindrucken, aber wenn diese
nicht von Taten gestützt werden,
ist das nicht von Dauer.

6. Juni

Viel schwieriger als reich zu werden, ist es, allgemein geschätzt zu werden. Strebe darum nach Höherem als Reichtum und versuche jemand zu sein, den viele Menschen achten.

25. Juli

Beklage dich nicht, wenn sich andere nicht nach deinen Wünschen richten.
Ist es nicht viel schlimmer, dass du so etwas erwartest?
Nicht einmal ein Heiliger würde es schaffen, vierundzwanzig Stunden am Tag nach deiner Pfeife zu tanzen.

7. Juni

Bist du aufrichtig gewillt, Erleuchtung zu erlangen, kannst du sogar von einem Kind lernen oder von jemandem, der dich auf der Straße beleidigt. Die ganze Welt wird dein Lehrer.

24. Juli

Sieh doch, wie sehr du den anderen am Anfang geliebt hast und wie groß nun deine Abneigung ist. Erkenne also, wie vergänglich die Liebe ist, wie wankelmütig dein Herz und wie viele Bedingungen du an das Gefühl der Liebe geknüpft hast.

8. Juni

Beobachtet man Menschen,
die andere verbal verletzen, zeigt sich
häufig, dass sie selbst unglücklich sind.
Weil sie in einem schlechten Umfeld aufgewachsen
oder mit ihrer momentanen Lebenssituation unzufrieden
sind, attackieren sie andere mit bissigen Worten.
Wenn du solchen Menschen begegnest, nimm dir ihre
Äußerungen nicht zu Herzen, sondern gehe einfach
darüber hinweg.

23. Juli

Wenn du nicht für dich selbst sorgen kannst, werden dich irgendwann sogar deine besten Freunde als Bürde empfinden.

9. Juni

Betrüger reden gern über zukünftige Gewinne und erklären uns beharrlich, dass bestimmt alles klappt, wenn wir auf sie hören.
Ist unsere Gier erst einmal geweckt, werden wir übers Ohr gehauen.

22. Juli

Fasse den Vorsatz, dir bei all deinem Stress genug Zeit zu nehmen, damit du anderen gegenüber zuvorkommend sein kannst.
Kleine gut gemeinte Gesten der Aufmerksamkeit sind der Ausgangspunkt für Veränderung.

10. Juni

Wenn du Geist und Körper von Ballast befreist, fühlst du dich frisch und absolut wohl.
Wenn du hingegen etwas zu lange bei dir behältst, wirst du geistig und körperlich krank.
Was es auch sei, befreie dich einfach davon.

21. Juli

Je dankbarer wir sind, umso glücklicher werden wir. Denn Dankbarkeit hilft uns zu erkennen, dass wir alle miteinander verbunden sind.
Niemand fühlt sich wie eine Insel, wenn er dankbar ist. Dankbarkeit erweckt uns zu der Wahrheit unserer wechselseitigen Verbundenheit, die unsere Natur ist.

11. Juni

Wenn du effizient arbeiten willst,
gönne dir gelegentlich Pausen.
Diejenigen, die pausenlos arbeiten,
kennen keine Freude an der Arbeit und
handeln lediglich aus Stress heraus.

20. Juli

Betrachte deine Schmerzen und Qualen
mit derselben fürsorglichen Wärme,
mit der eine Mutter ihr Kind anblickt.

Manchmal, wenn du nach einem langen, arbeitsreichen Tag endlich nach Hause kommst, hast du keine Lust, irgendetwas zu unternehmen. Lieber möchtest du auf dem Sofa liegen und einfach nur fernsehen.
Dein Kopf will endlich einmal Pause haben von den vielen Gedanken, die den ganzen Tag in ihm herumschwirren.
Gib sie ihm.

12. Juni

19. Juli

Wie auch immer die Umstände sind,
fühl dich nicht unterlegen.
Du bist die kostbarste Tochter,
der kostbarste Sohn Gottes.
Du bist auch der Buddha, selbst wenn du
es noch nicht gemerkt hast.
Lass nicht zu, dass irgendjemand dir das Gefühl gibt,
weniger als das zu sein.

Fragst du dich, wie du es nach all den Jahren noch mit deinem Lebenspartner aushalten sollst und wie du es akzeptieren kannst, dass er sich nicht nach deinen Wünschen geändert hat?
Dann frage dich selbst, ob du in seinen Augen ein vollkommener Mensch bist.

13. Juni

18. Juli

Je mehr du weißt,
umso weniger glaubst
du zu wissen.
Je weniger du weißt,
umso mehr glaubst du
zu wissen.

14. Juni

Sei nicht niedergeschlagen wegen
deiner Fehler, denn kein Mensch
ist vollkommen.
Durch Fehler lernen wir täglich
in der Schule des Lebens.
Sei dankbar und wachse daran.

17. Juli

Da du nicht in der Haut des anderen steckst,
kannst du seine Beweggründe nicht verstehen.
Denke darüber nach, ob du ihn, ohne ihn gut zu kennen,
leichtfertig kritisieren solltest.

15. Juni

Unser Bewusstsein richtet sich normalerweise nach außen. Wir sprechen von anderen Menschen oder über Dinge, die in der Welt geschehen. Im Gegensatz dazu, versuchen Meditierende, das Bewusstsein auf das eigene Innere zu lenken und sich abzugewöhnen, von anderen zu sprechen. Stattdessen beobachten sie sich selbst und trachten nach Selbsterkenntnis.

16. Juli

Du leidest und alles dreht sich nur noch um deinen Schmerz.
Glaubst du, dass es hilft, anderen immer wieder davon
zu erzählen?
Wenn du aus diesem Teufelskreis ausbrechen möchtest,
nimm dein Leiden genau unter die Lupe.
Du wirst merken, dass es sich immer wieder verändert.
Schmerz ist etwas Vergängliches.

16. Juni

Der bloße Anblick des Fotos eines geliebten Menschen kann wie ein Schmerzmittel wirken und unser Leid lindern. Ebenso werden Glückshormone ausgeschüttet, wenn man Menschen sieht, die anderen helfen. Fast so, als sei man selbst der Helfer. Das macht unser Zusammenleben aus: dass einer im Herzen des anderen eine Saite zum Schwingen bringt.

15. Juli

Wir sehen die Welt durch das Fenster unseres Herzens.
Wenn es in unserem Herzen laut zugeht, lärmt auch die Welt.
Wenn unser Herz friedlich ist, ist es auch die Welt.
Dein eigenes Herz zu verstehen ist genauso wichtig,
wie die Welt verändern zu wollen.

17. Juni

Wenn es in unserem Leben keine Liebe gäbe,
würde die Zeit bedeutungslos und blitzschnell vergehen.
Die Liebe hat die Fähigkeit, die Welt in der Gegenwart
anzuhalten.

14. Juli

Tut ein nicht erleuchteter Mensch Gutes, versucht er,
seine Spur zu hinterlassen.
Tut ein erleuchteter Mensch Gutes, hinterlässt er keine Spuren.

18. Juni

Gedanken sind wie Wolken, die unter dem Einfluss deiner Umgebung kommen und gehen und die du nicht kontrollieren kannst.
Dich an einen negativen Gedanken zu klammern kann dich sogar depressiv machen.
Achte darauf, dich nicht in deinen Gedanken zu verfangen.

13. Juli

Es gibt nur diejenigen,
die ihre Schwächen kennen,
und jene, die sie nicht kennen.
Niemand ist vollkommen.

19. Juni

Wenn der Anfang deiner Liebe
an eine Bedingung geknüpft war,
wird diese Bedingung der Anlass
ihres Endes sein.
Liebe kennt keine Bedingungen.

12. Juli

Es ist problematisch, anzunehmen, dass dir das, was du heute magst, auch morgen noch gefallen wird. Selbst dein Traumjob wird nicht immer neu und spannend sein. Zu jedem Job gehören auch uninteressante und langweilige Aufgaben. Vergiss nicht: Erfolg muss man sich hart erarbeiten.

20. Juni

Der Wert eines Menschen sollte sich nicht nach seinem Vermögen oder seinem Bildungsstand bemessen, sondern nach seiner Güte und danach, wie viele Wohltaten er anderen erwiesen hat.

11. Juli

Wenn du dir zu viele Gedanken und Sorgen machst, bevor du etwas unternimmst, läuft dein Schiff auf einen Felsen. Vertraue auf deine Intuition und handle so, wie es dir angemessen erscheint.

21. Juni

Wir leben mit unzähligen Beziehungen:
Familienmitgliedern, Freunden, Kollegen,
Nachbarn usw.
Das Leben ist gut, wenn diese Beziehungen
gut sind.
Allein für sich glücklich sein währt nicht lange.

10. Juli

Wenn du glücklich werden möchtest,
kümmere dich wenig darum, was andere
über dich denken, sondern tu das,
was du wirklich willst.

22. Juni

Bettle nicht um Aufmerksamkeit.
Mit dem Entdecken und Entwickeln deiner ganz eigenen Stärke weckst du ganz von selbst das Interesse anderer.
Du bist wertvoll und hast es nicht nötig zu betteln!

9. Juli

Der Gong verbreitet seinen Klang umso weiter,
je härter er geschlagen wird.
Ohne Anstrengung kannst du die Welt
nicht beeindrucken.
Die Welt erkennt schneller, als du denkst,
wie leidenschaftlich du dich bemüht hast.

23. Juni

Kleide dich in Zuversicht.
Sie ist der letzte Schrei.

8. Juli

Wissen will reden,
aber Weisheit will
zuhören.

24. Juni

Alle sind freundlich zu jemandem, dem sie das erste Mal begegnen. Die Frage ist, wie lange die Freundlichkeit anhält. Lass dich nicht täuschen, nur weil jemand anfangs nett zu dir ist.

7. Juli

Wie glücklich oder gesund wir auch sein mögen, nichts scheint jemals perfekt zu laufen.
Wenn wir zu Geld kommen, kann es leicht Streit mit der Familie geben; wenn wir einflussreich sind, wollen unsere Freunde davon profitieren; wenn wir beruflichen Erfolg haben, werden wir damit Neider auf den Plan rufen.
Wir müssen lernen zu akzeptieren, dass die Welt nach diesem Prinzip funktioniert.

Zorn, Schimpftiraden und Gewaltausbrüche scheinen einen unmittelbareren Effekt zu haben als Nachsicht, Geduld oder Worte voller Mitgefühl.
Aber sie werden dein Leben lang wiederkehren und dich heimsuchen als quälende Reue.

6. Juli

Die Atmung ist eine unglaubliche Zeitmaschine, die dich von der Vergangenheit oder der Zukunft in die Gegenwart zurückholt, wenn deine Gedanken dich auf Abwege geführt haben.

26. Juni

So etwas wie perfekte Vorbereitung
gibt es nicht.
Das Leben ist ein Abenteuer,
durch das wir lernen und reifen.

5. Juli

Bedrückt dich zunehmend der Gedanke,
dass du die zu erledigende Arbeit immer alleine
schultern musst?
Dann sage offen, ohne mit dir zu hadern:
»Allein schaffe ich das nicht. Könntest du mir helfen?«
Nach und nach wird es leichter werden,
deine Emotionen zu zeigen.

27. Juni

Hast du eine Aufgabe erledigt,
hör auf und geh zur nächsten über,
auch wenn das Resultat nicht ganz
perfekt ist.
Absolute Vollkommenheit gibt es
nur in deiner Vorstellung.

4. Juli

Dass dein Gefühl der Zuneigung zu jemandem noch nicht zu Liebe gereift ist, liegt womöglich daran, dass du bisher nur die Eigenschaften der Person gesehen hast, die dir gefallen, aber nicht die Person an sich.

28. Juni

Im Flugzeug werden Eltern angewiesen, im Notfall zuerst sich selbst die Sauerstoffmaske anzulegen, bevor sie ihren Kindern helfen.
Genauso solltest du dich zuerst um dich kümmern.
Das ist keineswegs eine selbstsüchtige Haltung.
Nur wenn du dich selbst glücklich fühlst, kannst du auch die Menschen um dich herum glücklich machen.

3. Juli

Selbst wenn zwei sich sehr lieben,
wird es zu einer Belastung, wenn
sie sich über längere Zeit zu eng
aneinanderklammern.
Wenn ihr liebt, seid wie zwei
Säulen – mit Abstand,
aber dasselbe Dach tragend.

29. Juni

Menschen wollen oft gar keine Ratschläge erhalten, sondern wünschen sich lediglich, dass der Gesprächspartner einfach nur zuhört.
Wenn jemand mit dir reden will, versuche nicht, ihn mit gut gemeinten Empfehlungen abzuspeisen, sondern schenke ihm Gehör, bis er seine Geschichte zu Ende erzählt hat.

2. Juli

Wenn du dir selbst und anderen immer wieder sagst, wie schwierig dein Vorhaben ist, erschwerst du dir die Angelegenheit unnötig.
Pack es einfach an.

30. Juni

Mangelt es dir an Selbstvertrauen?
Dann treibe Sport. Das ist der schnellste Weg zu mehr Selbstbewusstsein.
Du hast Sport gemacht, aber hast noch nicht an Sicherheit gewonnen?
Dann schreibe es auf einen Wunschzettel und bete.
Du bist ein viel großartigeres Wesen, als du glaubst.

1. Juli

Worte können große Macht haben.
»Ich wünsche dir heute viel Erfolg und Gelassenheit!«
»Du bist so begabt, du wirst ein großer Schriftsteller werden!«
»Eines Tages werden viele Leute durch deine Musik berührt werden!«
Wenn du solche Worte hörst,
eröffnen sich dir neue Möglichkeiten.